반민특위
재판정
참관기

반민특위 재판정 참관기
1949년, 한국 현대사의 굴절이 시작된 특별재판정 속으로!

초판 1쇄 인쇄 2022년 4월 5일
초판 1쇄 발행 2022년 4월 15일

지은이 김흥식
펴낸이 이영선
책임편집 이민재

편집 이일규 김선정 김문정 김종훈 이민재 김영아 이현정 차소영
디자인 김회량 위수연
독자본부 김일신 정혜영 김연수 김민수 박정래 손미경 김동욱

펴낸곳 서해문집 | 출판등록 1989년 3월 16일(제406-2005-000047호)
주소 경기도 파주시 광인사길 217(파주출판도시)
전화 (031)955-7470 | 팩스 (031)955-7469
홈페이지 www.booksea.co.kr | 이메일 shmj21@hanmail.net

반민특위
재판정
참관기

1949년,
한국 현대사의 굴절이 시작된
특별재판정 속으로!

김흥식 엮음

서해문집

머리말

우리는 '재판정 참관기' 시리즈의 넷째 권으로《반민특위 재판정 참관기》를 펴낸다.

일제강점기에 우리 민족, 즉 조선인 출신임에도 일본제국주의의 편에 서서 정치적·경제적·사회적 이득을 취하며 동포에게 해를 끼친 자들이 많았다. 반민족행위자, 흔히 친일파로 불리는 이들이다. 광복 이후 이들의 행위를 단죄하기 위해 〈반민족행위처벌법〉이 제정되었고, 이 법에 근거해 '반민족행위 특별조사위원회'(이를 줄여 '반민특위'라고 부른다)가 설립되었다.

〈반민족행위처벌법〉과 반민특위 활동의 목적은 친일에 대한 역사적이고 법적인 평가에 있었다. 이는 우리 민족의 정체성을 세우는 것은 물론, 일본제국주의를 부정함으로써 탄생한 대한민국의 법적·도덕적 근거를 다지는 일이기도 했다.

불행히도 그 일은 완수되지 못했다. 그리고 이것은 친일의 당사자들이 거의 사라진 오늘날까지 우리 사회와 시민 개개인의 삶 속에 응어리로 남았다. 학교와 역사책에서, 방송과 인터넷에서 우리는 곧잘 70여 년 전의 친일 청산 실패에 대한 울분과 안타까움을 마주치고, 거기에 공감한다. 그런데 곰곰이 생각해보면 우리들 대부분은 정작 반민특위가 어떻게 출범해 무슨 과정을 겪으며 좌초했는지, 그 객관적 역사를 들여다본 경험은 거의 없다.

70년 묵은 역사적 응어리를 들추는 까닭

우리가 반민특위 재판정을 참관하는 목적이 여기에 있다. 이를 통해 반민특위의 활동을 돌아보는 것은 70~80년 묵은 친일 청산 응어리의 객관적 실체에 다가서는 일이며, 동시에 이를 풀어낼 실마리에 대한 모색이다.

이 책은 반민특위가 첫 번째로 체포한 사업가 박흥식(1903~1994)의 공판 기록을 중심으로 반민특위에 대해 살펴볼 것이다. 미리 강조해두지만 박흥식이라는 인물과 그에게 내려진 처분이 이 책의 핵심은 아니다. 반민특위의 1호 구속자라는 상징성, 그리고 반대 진영의 탄압 속에서 많은 사료가 소실된 반민특위 사건에서 그나마 사정이 나은 케이스였다는 게 박흥식을 다루기로 한 까닭이다. 따라서 보다 중요한 것은 '반민특위 대 박흥식'의 싸움이 아니라 이 대리전을 통해 친일파와 그들이 저지른 반민족행위 전반에 면죄부가 주어지게 된 역사적·정치적 흐름을 바로 보는 데 있다.

● ────────
재조선 미국 육군사령부 군정청의 약칭. 미 육군 중장 존 하지를 사령관이자 군정장관으로, 1945년 9월 9일부터 대한민국 정부가 수립된 1948년 8월 15일까지 약 3년간 한반도의 행정권과 치안권을 담당한 통치기구이다.

반민특위가 활동할 무렵, 그러니까 광복 직후 새로운 정부를 수립하고 새로운 나라를 건설해가는 과정에서 한국 사회는 사분오열되었다. 진보와 보수 세력, 미군정* 지지 세력과 그에 부정적인 세력, 친일 세력과 독립운동 세력 등 여러 겹에 걸친 분열과 대립은 반민특위를 둘러싼 지지와 반대로 나뉘어 또 한번의 충돌과 혼란을 불러왔다.

물론 이는 새로운 나라를 건설하는 과정에서 치러야 하는 비용일지도 모른다. 실제로 어느 나라든 체제 변화가 일어나는 국면에서는 처음부터 일치단결한 하나의 목소리가 존재하는 경우는 드물다. 다양한 의견이 분출하고 이에 따른 대립과 타협, 시행착오를 겪으며 자리를 잡아가기 마련이다. 다만 우리의 경우에는 한반도에 얽힌 여러 강대국의 이해관계가 내부의 분열을 부추기는 원심력으로 작용했다는 게 애석할 뿐이다.

객관적으로 보고 자유롭게 해석하기

이 책은 어디까지나 '재판정 참관기'이다. 따라서 재판정에 머무르는 동안 우리는 어느 한쪽을 편들지 않을 것이다. 섣불리 어떤 입장을 제시하고 설득하는 대신 최대한 양질의 자료를 제공함으로써 독자 여러분이 스스로 판단하고 질문해보길 바란다. 역사를 보는 안목은 그렇게 길러지기 때문이다.

그럼 이제부터 반민특위가 어떻게 탄생했고, 반민특위와 반민족행위자들이 무슨 공방을 주고받았으며, 어떤 결말을 맞았는지 그 진상을 하나하나 들여다보도록 하자. 재판정을 나서면서 내려질 결론은 오롯이 독자 여러분의 몫이다. 자, 이제 반민특위 재판정으로, 입장!

엮은이 김흥식

차례

법이 만들어지기 전의 범죄를 처벌할 수 있을까?

현대의 일반적 법 체계에서는 어떤 법이 제정되기 전에 완료된 행위에 대한 처벌을 금지한다. 이를 소급입법금지, 혹은 법률불소급 원칙이라고 한다.* 하지만 헌법재판소는 소급입법금지에 대한 예외를 두고 있기도 하다. 그중 하나가 바로 2005년 제정된 〈친일반민족행위자 재산의 국가 귀속에 관한 특별법〉이었다. 이 법을 통해 친일파 재산 환수가 예

우리 헌법 13조 1항과 2항에서는 소급입법금지를 이렇게 규정한다. "① 모든 국민은 행위시의 법률에 의하여 범죄를 구성하지 아니하는 행위로 소추되지 아니하며, 동일한 범죄에 대해 거듭 처벌받지 아니한다. ② 모든 국민은 소급입법에 의하여 참정권의 제한을 받거나 재산권을 박탈당하지 아니한다."

고되자 친일파 후손들이 헌법재판소에 위헌소송을 제기했다. 그러나 헌재의 재판관 다수는 이 법이 소급입법에 해당하지만, 많은 국민이 소급입법을 예상할 수 있었던 경우에 한해 소급입법이 정당화될 수 있다고 보았다. 그러면서 "친일재산의 취득 경위에 내포된 민족배반적 성격, 대한민국임시정부의 법통 계승을 선언한 헌법 전문 등에 비추어 친일반민족행위자 측으로서는 친일재산의 소급적 박탈을 충분히 예상할 수 있었고, 친일재산 환수 문제는 그 시대적 배경에 비추어 역사적으로 매우 이례적인 공동체적 과업이므로 이러한 소급입법의 합헌성을 인정한다고 하더라도 이를 계기로 소급입법이 빈번하게 발생할 것이라는 우려는 충분히 불식될 수 있다"라고 밝힌 바 있다.

이처럼 친일행위에 대한 처벌은 소급입법금지에서 자유롭다. 일제강점기에는 '적법'했던 친일행위가 해방 이후에는 '불법'으로 처벌받을 수 있다는 의미이다. 이는 일제강점기에 친일행위를 심판할 우리 민족의 법과 재판소가 부재했기 때문에 나타나는 자연스러운 현상이다.

그러나 35년 넘게 일제에 지배받았던 우리 입장에서 친일파를 가려낸다는 것이 말처럼 쉬운 일이 아니었다. 저 유명한 '을사오적'처럼 한일강제병합 초기에 적극적으로 친일한 자들을 골라내는 것은 어렵지 않겠으나, 35년은 '친일'의 성격을 매우 복잡다단하게 만들 만큼 충분히 긴 시간이다. 물론 많은 경우는 조선총독부가 의도한 강제적 협력이었겠으나, 기회주의적 욕망을 지닌 조선인의 자발적 협력도 적잖게 존재했다. 그 둘은 곧잘 섞이기도 했을 것이다. 이렇기에 해방 이후 한국에서 친일파를 가려내는 일은 나치 독일에게 4년 남짓 지배받았던 프랑스의 독일 협력자 처벌에 비해 어려운 점이 많았다. 누가 친일파인지를 가리는 문제는 오늘날에도 계속 논쟁의 대상이 되고 있다.

왜 박흥식인가?

이 책에서는 반민특위의 제1호 체포자인 박흥식을 주로 다룬다. 1903년생인 박흥식은 청년기를 일제 치하에서 보냈다. 식민지 조선인 출신이었지만 타고난 사업 수완과 조선총독부를 비롯한 일본 당국자들과의 협력을 바탕으로 일찍부터 커다란 경제적 성공을 거둔 인물이다. 1940년대 들어서는 조선의 경제인 대표 자격으로 일본 천황을 만나고, 여러 친일단체의 간부로 활약했으며, 조선비행기공업 주식회사라는 군수기업을 세워 일본의 전쟁에 협력한 혐의를 받았다.

그런데 이러한 그의 친일 행보를 가만히 들여다보면, 우리가 흔히 떠올리는 을사오적을 비롯한 정치적·사상적 친일파들과는 조금

다르다는 것을 알 수 있다. 그는 일제강점기의 친일파라면 으레 한두 개쯤 달게 마련인 일제의 훈장이나 작위도 받지 않았다. 사업과 돈 버는 일에만 몰두했고, 이익을 위해서는 어떤 수단이든 가리지 않고 동원했다. 그래서 조선이 일본과 하나 될 것(내선일체)을 주장하고 일본의 전쟁에 학병으로 지원할 것을 부추긴 많은 친일 지식인·정치가들과 달리, 어쩌면 그의 친일 행위는 (그 자신의 변명처럼) 단지 이윤을 추구하는 사업가로서 별 의식 없이 저지른 일일지도 모를 일이다.

하지만 그렇기에 박흥식은 일제강점기 35년간 친일 문제가 어떻게 평범한 사람들의 일상에까지 침투했는지 보여주는 좋은 사례이기도 하다. 박흥식 사례를 통해 친일 문제를 다시 생각해본다는 것은 을사오적 같은 전형적이고 대표적인 친일파를 손쉽게 비판하는 방식이 아니라, 우리 마음속에 존재하는 기회주의적 욕망을 들여다보는 계기가 될 수 있다는 의미다. 요컨대 '내가 그 시대에 태어났다면 어떻게 행동했을까?'란 질문을 갖고서 박흥식의 일대기와 재판을 들여다보는 시간을 가져보는 것이다.

그럼에도 불구하고 수많은 친일파 가운데 왜 박흥식을 주로 다루는지에 대해서는 다른 의견이 얼마든지 있을 수 있다. 그보다 훨씬 유명하며 문화 분야에서 활동한 춘원 이광수나 최승희 같은 인물을 다루어야 한다고 여기는 분도 있을 것이다. 또 누군가는 오늘날에도 명성과 영향력이 쟁쟁한《동아일보》의 창업자 인촌 김성수가 훨씬 걸맞다고 여길 수도 있다. 친일경찰의 대명사로 수많은 독립운동가들을 체포·고문한 노덕술이야말로 재판정에 세워야 할 인물이라고 여기는 분도 있을 것이다. 다 맞는 말이다.

그러나 책 제목처럼《반민특위 재판정 참관기》를 쓰기 위해서는 우선 재판정에서 오고 간 재판기록이 필수적이다. 그런데 안타깝게도 반민특위는 활동 기간이 1년도 채 되지 않고, 그마저도 반대파의 탄압을 받으며 많은 자료들이 소실되었다. 그런 까닭에 재판기록이 남아 있는 인물이 썩 많지 않다. 재판을 받다가 중단된 경우도 많은데, 박흥식조차 그렇다.

그리고 한 사람의 재판기록을 통해 반민특위 전체의 의미를 조망하는 책의 성격상, 엮은이를 비롯한 어느 누구의 개인적 의견에도 영향을 받아서는 안 된다. 결국 엮은이는 이를 기준으로 반민특위가 출범하면서 가장 주요한 친일파로 지목하고 가장 먼저 체포한 이를 선정하기로 했다. 그리고 그 인물이 박흥식이다. 박흥식은 경제계에서 활동한 친일파다. 정치나 사회, 문화 분야의 친일을 더 중시하는 분에게는 낯설고 어딘가 부족해 보일지도 모른다. 그러나 그 시대를 살았던 당사자들은 반민특위가 가장 먼저 단죄해야 할 인물로 박흥식을 지목했다. 거기에는 70여 년 뒤를 사는 우리가 잘 모르는 까닭이 있으리라고 본다.

그 까닭을 더듬어가며, 이 책에서는 반민특위의 출범부터 해산에 이르는 역사적 과정뿐 아니라 박흥식 개인의 삶을 통해 그와 같은 친일파들의 정체성을 유추하고 해석하는 기회를 가져 보려고한다.

이 책의 구성에 대해

이 책의 본문은 해방 이후 반민특위의 탄생(1장), 박흥식을 피고인으로 한 반민특위의 조사와 재판(2~4장), 이종형·노덕술 등 그 밖의 친일파에 대한 이야기(5장), 반민특위가 실패하고 해산하는 과정(6장)으로 구성되어 있다.

원래 반민특위는 조사를 담당하는 특별조사위원회, 수사를 담당하는 특별검찰부와 재판을 담당하는 특별재판부로 구성되었다. 그러나 반민특위가 갑작스럽게 와해되면서 각 부서의 자료가 보존되지 못했고, 현재 구할 수 있는 것은 특별검찰부의 일부 자료뿐이다. 이런 한계를 보완하기 위해 이 책은 이 사건과 관련한 당대의 신문기사를 두루 제시했다.

반민특위의
탄생

1947년 7월~1949년 9월

미군정의 등장,
부활하는 친일파

1945년 8월 15일, 일본 제국주의가 패망했다. 동시에 35년간 일제의 식민지배에 억눌려 살았던 한반도의 조선인들도 광복을 맞이했다.

그러나 그 즉시 한반도에 조선인이 다스리는 정부가 들어선 것은 아니었다. 해방 후에도 한동안 한반도의 치안은 패전국이면서도 이 땅에 머물러 있던 일본군이 담당했다. 그리고 광복 후 20여 일이 지난 1945년 9월 8일부터 38선 남쪽(남한)에서는 미군정의 통치가 시작되었다.

미군정의 상부 기관인 연합군 최고사령부 사령관 더글러스 맥아더Douglas McArthur(1880~1964)는 한반도에 들어오기 전인 1945년 9월 7일 일본에서 〈맥아더 포고령 제1호〉(29쪽 사료 돋보기 참조)를 발

맥아더와 이승만. 광복에서 정부 수립 때까지 한국 사회에 커다란 영향을 끼친 두 사람은
친일파에 대해 비슷한 입장을 취했다.

표하며 정부, 공공단체에 종사하는 자는 별도의 명령이 있을 때까
지 '종래의 업무'를 수행할 것을 지시했다. 이 조치를 통해 미군정이
들어선 이후에도 친일파는 미군정청 관료, 경찰, 새로 창설된 한국
군에서 요직을 차지할 수 있었다.

과도입법의원,
친일 청산의 씨앗을 뿌리다

미군정은 한반도 문제를 국제적으로 해결하고자 했던 제1차 미소공동위원회[*]가 무기한 휴회에 들어가자, 남한 문제를 남한 주민들 스스로 결정토록 하자는 의견에 따라 남한 주민의 대표격인 남조선과도입법의원(입법의원)을 설치하기로 결정했다.

그러나 사회는 입법의원 설치에 비판적이었다. 그 까닭은 그 무렵 좌우합작, 즉 사회주의 세력과 민족주의 세력이 공동으로 정부를 구성하자는 논의를 진행 중이었는데 이를 무시하게 된다는 것과 민의를 대표하기 힘든 선출 방식 때문이었다. 입법의원은 관선 45명, 민선 45명으로 구성되었다. 관선 45명의 선출권은 미군정에 있었고, 민선 45명 역시 제주도 등 일부 지역을 제외하면 최대 4차례에 걸친 간접선거로 선출되었기 때문에 진정한 민의를 대변할 수 없을 뿐 아니라 오히려 친일파들이 득세할 가능성이 높다는 것, 그리고 미군정을 연장하려는 술책이라는 점과 통일정부 수립이 지연될 것이

한반도의 남북을 각각 점령한 미국과 소련이 임시정부 수립을 위해 개최한 양자 회담. 1946년과 1947년 1·2차에 걸쳐 개최되었지만, 신탁통치를 둘러싼 국내의 분열과 본격화한 국제 냉전으로 인해 결렬되었다. 이후 1948년 남북이 각자 총선거를 치르면서 한반도에는 2개의 분단 정부가 들어서게 된다.

과도입법의원 개원식. 의장으로 선출된 김규식(1881~1950)이 개원사를 낭독하고 있다.
과도입법의원은 미군정의 입맛에 따라 탄생한 반쪽짜리 입법부라는 평가를 받았다, 그럼에도
이들은 한국인들의 친일 청산 염원을 모아 특별조례를 제정하는 등 나름의 소명을 다했고,
이 특별조례는 2년 뒤 만들어지는 반민족행위처벌법과 반민특위의 모태가 되었다.

라는 등의 우려가 있었다. 그럼에도 미군정은 자신들의 뜻에 맞는 입법의원을 구성하기 위해 선거를 강행하게 된다.

1946년 12월 12일, 우여곡절 끝에 탄생한 남조선과도입법의원은 한국 최초의 대의정치 기구였다. 물론 '입법의원'이라는 명칭에 걸맞지 않게 이곳에서 제정한 법령은 군정장관의 동의를 거쳐야만 효력이 발생했다. 오늘날 우리가 생각하는 '국민을 대표하는 기관'으로서 입법부와는 거리가 먼 셈이다.

그러나 적잖은 한계에도 불구하고 입법의원은 〈미성년자 노동 보호법〉을 비롯한 몇 가지 중요한 법률을 제정한다. 그리고 그 가운데 가장 첨예한 문제로 떠오른 것이 바로 〈민족반역자·부일협력자·간상배에 대한 특별조례〉다. 1947년 7월 2일, 입법의원은 오랜 논의와 수정 끝에 친일 청산의 씨앗이 될 이 법안을 통과시키는 데 성공한다.

특별조례의 최종안은 민족반역자와 부일협력자의 의미를 명확히 규정했고, 이들을 처벌하기 위한 객관적 기준을 구체적 직위로 구분해 제시했다. 예컨대 행정관리의 경우 주임관 이상, 군은 판임관 이상, 경찰은 고등계에 재직한 자를 '부일협력자'로 규정한 것이다(32쪽 참조).

이 법에 따라 설치될 특별조사위원회와 특별재판소의 구성원 역시 과도입법의원에서 임명하기로 했다. 이는 기존 행정·사법 기관

이 친일파에 장악되어 있다는 판단에 따른 것으로, 이 방식은 훗날 반민특위가 출범할 때도 그대로 유지된다.

미국의 반대

그러나 특별조례에 대한 동의 처리를 차일피일 미루던 미군정은 1947년 11월, 조례의 시행을 거부한다. 군정장관 직무대리 찰스 헬믹Charles G. Helmick은 이에 대한 공식 입장을 다음과 같이 전했다.

조선과도입법의원 의장 김규식 앞

민족반역자, 부일협력자, 모리배에 대한 특별법은 신중히 심사하고 검토했습니다.

조선의 민족 의식에 배치되는 반역적 의도를 갖고 일본인의 통치를 지지한 사람이나, 불가피한 경우가 아님에도 일본에 협력한 자는 처벌하든가 적어도 조선국민으로서의 생활에 참여치 못하도록 제외해야 함은 명백합니다. 그러나 한편으로 반역자 또는 협력자로 규정받을 사람이 누구인가를 확인하는 것은 상당히 어려운 문제입니다.

조선 인민의 대다수가 독립을 열망한 것은 명백합니다. 그러나 일본의 점령이 장기간이었다는 것을 잊어서는 안 됩니다. 모든 조선 사람이

살기 위해 직접 일본인과 함께 일하지 않았다 하더라도, 간접으로는 그들을 위해 일하는 것을 거부할 수 없었습니다. 물론 어떤 사람은 자진해서 일본인과 협력하고 그 학정에 협조했습니다. 전자는 진정으로 무고합니다. 후자는 모든 반역자에 따르는 비난을 받아야 합니다. 이 둘을 명확히 구별해야 합니다. (…) 우수한 자격자를 관직에서 제외하는 것은 부당합니다. (…)

원칙적으로 이런 종류의 법률이 필요합니다. 그러나 그것은 전 조선 민족의 일치된 의견과 명백한 표현으로 다뤄져야 합니다. 따라서 구성원 전원이 민선으로 선출된 입법기구에서 나와야 하겠습니다. 또한 반역자는 통일된 인민의 요청에 따라 처벌되어야 하며, 그 처벌 기준은 조선 전국 어디서든 다름이 없어야 합니다.

시일이 경과한다고 해서 처벌을 피하고 면할 위험은 없습니다. 그것은 일본 점령기에 벌어진 민족 이익에 반하는 범죄의 제한법이 없기 때문입니다.

이러한 근본적 고려 끝에 본관은 이 법안의 조문을 검토하는 것을 삼갑니다. 그러나 부일협력자를 벌하는 법률은 그 목적에만 국한되어야 하고 간상배 처단을 위한 규정과 뒤섞여서는 안 됩니다. 만일 간상배에 적용되는 현행법이 부적당하다면 별개의 법률을 통과시켜야 합니다. (…) 현 법문대로는 당분간 (특별조례에 대한) 인준을 보류하는 수밖에 없지만 이 중요하고 곤란한 문제를 충분히 고려한 데 사의를 표합니

다. 이는 장차 전원 민선으로 구성된 의회에서 토의할 때 귀중한 기초
가 될 것입니다.

미 군정장관을 대리하여 •

헬믹의 입장은 입법의원이 한국인 전체의 대표기관이 아니기 때문에 특별 조례를 인정할 수 없다는 논리였다. 이는 미군정 스스로 입법의원을 남한의 대표기관으로 만들었다는 점에서 모순

•————————
군정장관 직무대리 헬믹의
편지,《남조선과도입법의
원 속기록》제180호(1947년
11월 27일), 제176차 회의록,
1~2쪽.

된 처사다. 입법의원의 조례는 한반도 문제의 유엔 이관과 남한의
단독정부 수립 등의 이슈에 밀려 더 이상 논의되지 못했다. 친일반
민족행위자 처벌 문제는 정부 수립 이후로 연기된다.

맥아더 포고령 제1호

조선 주민에 알림

태평양 미국 육군 최고지휘관으로서 아래와 같이 포고함.

일본국 천황과 정부와 대본영을 대표하여 서명한 항복문서의 조항에 의하여 본관 휘하의 승전군은 오늘 북위 38도 이남의 조선 지역을 점령함.

오랫동안 조선인의 노예화된 사실과 적당한 시기에 조선을 해방 독립시킬 결정을 고려한 결과, 조선 점령의 목적이 항복문서 조항 이행과 조선인의 인권 및 종교상의 권리를 보호함에 있음을 조선인은 인식할 줄로 확신하고, 이 목적을 위해 적극적 원조와 협력을 요구함.

본관은 본관에게 부여된 태평양 미국 육군 최고지휘관의 권한을 가지고 오늘부터 조선 북위 38도 이남의 지역과 그 지역 주민에 대해 군정을 설립함. 따라서 점령에 관한 조건을 아래와 같이 포고함.

제1조

조선 북위 38도 이남의 지역과 그 지역 주민에 대한 모든 행정권은 당분간 본관의 권한 하에서 시행함.

제2조

정부, 공공단체 또는 기타의 명예직원과 고용과 공익사업, 공중위생을 포함한 공공사업에 종사하는 직원과 고용인은 유급, 무급을 불문하고,

〈맥아더 포고령 제1호〉 해방 이후 잔뜩 움츠려 있던 친일파에게
미군정의 등장은 기사회생의 기회였다.

**또 기타 제반 중요한 직업에 종사하는 자는 별도 명령이 있을 때까지
종래의 직무에 종사하고 또한 모든 기록과 재산의 보관에 임할 것.**

제3조

주민은 본관 및 본관의 권한 하에서 발포한 명령에 즉각적이고도 속히
복종할 것. 점령군에 대해 반항 행동을 하거나 질서 보안을 교란하는
행위를 하는 자는 용서 없이 엄벌에 처함.

제4조

주민의 소유권을 존중함. 주민은 본관의 별도 명령이 있을 때까지 이상
의 업무에 종사할 것.

제5조

군정 기간 중 영어를 모든 목적에 사용하는 공용어로 함. 영어와 조선어 또는 일본어 사이에 해석 또는 정의가 불분명 또는 다름이 생길 때는 영어를 기본으로 함.

제6조

이후 공포하게 되는 포고, 법령, 규약, 고시, 지시 및 조례는 본관 또는 본관의 권한 하에서 발포하여 주민이 이행해야 될 사항을 명기함.

1945년 9월 7일

요코하마에서

태평양 미국육군최고지휘관

미국육군대장

더글러스 맥아더

민족반역자·부일협력자·간상배에 대한 특별조례(1947)

제1장 민족반역자

제1조 일본 또는 기타 외국과 통모하거나 영합 협조하여 국가와 민족에게 해를 끼치거나 독립운동을 방해한 자를 민족반역자로 함

아래 각호에 해당하는 자

1. 한일보호조약, 한일합방조약, 기타 한국의 주권을 침해하는 각 조약 또는 문서에 조인한 자 및 모의한 자

2. 일본 정부로부터 작爵(벼슬)을 받은 자

3. 일본 제국회의의 의원이 되었던 자

4. 공적·사적 시설을 파괴하거나 다중폭동으로 살인 또는 방화한 자 및 선동한 자로서 자주독립을 방해한 자

5. 독립운동에서 변절하고 부일협력한 자

6. 일제시대에 독립운동가 및 그 가족을 학대 살상 처벌한 자 또는 이를 지휘한 자

제2조 전조의 죄는 사형, 무기, 10년 이하의 징역에 처하고 그 재산을 전부 혹은 일부를 몰수하거나 15년 이하의 공민권을 박탈함.

제2장 부일협력자

제3조 일본 통치시대에 일본 세력에 아부하여 동포에게 해를 가한 자를 부일협력자로 함.

가. 아래의 각호에 해당하는 자

1. 작위를 받은 자

2. 중추원* 부의장 고문 및 참의가 되었던 자

3. 칙임관(1~2등 고등관) 이상의 최고위 관리가 되었던 자

4. 밀정 행위로 독립운동을 저해한 자

5. 독립을 저해할 목적으로 조직된 정치단체의 대표 간부되었던 자

6. 일본 군수공업을 대규모로 경영한 책임자

7. 개인으로 일본군에 10만 원 이상의 현금 또는 동 가치의 군수품을 자진 제공한 자

나. 아래의 각호에 해당하는 자 중 죄상이 현저한 자

1. 부·도 이상의 자문 또는 결의기관의 의원이 되었던 자

2. 주임관(3~9등 고등관) 이상의 고위 관리가 되었던 자, 군사 부서의 판임관(하위 관리) 이상 및 경찰 고등계에 재적했던 자

3. 일본 국책을 추진시킬 목적으로

● 일제강점기 조선총독부의 자문기관. 총독부 정무총감이 의장을, 조선인 구성원 대표가 부의장을 맡았으며 실권은 없었지만, 이완용과 박영효를 시작으로 거물급 친일파 대부분이 이곳에 이름을 올렸다. 이 때문에 중추원 참의·고문 직은 친일반민족행위자의 대명사로 통한다.

설립된 경제적·사회적·문화적 각 단체 및 언론기관의 지도적 간부가 되었던 자

제4조 전조의 죄는 5년 이하의 징역에 처하거나 10년 이하의 공민권을 정지함. 단 죄상에 의하여 재산의 전부 또는 일부를 몰수할 수 있음

제3장 간상배妏商輩(간교한 장사치의 무리)

제5조 8·15 해방 이후 악질적으로 경제를 교란하여 국민생활을 곤란케 한 자로서 아래의 각호에 해당하는 자를 간상배로 함.

1. 일본 또는 일인의 재산을 불법으로 이용하여 부당 이익을 꾀한 자
2. 관헌 기타 권력을 이용하여 부정모리한 자
3. 배급 물자를 부정모리한 자
4. 밀항으로 부정모리한 자

제6조 전조의 죄는 5년 이하의 징역에 또는 모리금액의 배액 이상의 벌금에 처함

대한민국 법률 제3호, 반민족행위처벌법

제헌 국회의 의지

1948년 5월 10일 총선거를 통해 초대 국회(제헌 국회)[•]가 구성되고, 7월 17일에는 최초의 헌법(제헌 헌법)이 공포되었다. 제헌 헌법 제10장 부칙 101조에는 "국회는 1945년 8월 15일 이전의 악질적인 반민족행위를 처벌하는 특별법을 제정할 수 있다"라는 조문이 담겼다.

8월 5일, 경기도 수원에서 당선된 김웅진(1906~?)을 비롯한 10인

● ─────────────────
1948년 5월 31일부터 1950년 5월 30일까지 활동한 대한민국 제1대 국회. 의원정수는 200명이지만 제주 지역의 2개 선거구가 4·3사건의 여파로 무효·연기되며 198명으로 개원했다. 초대 의장은 이승만이며, 그가 대통령직에 취임하면서 신익희가 물려받게 된다. 반민족행위처벌법은 제헌 국회가 세 번째로 처리한 법률이다.

의 의원이 각 도별 대표로 특별위원회를 구성해 〈반민족행위처벌법(반민법)〉을 제정할 것을 제안한다. 이에 따라 마련된 특별법기초위원회는 8월 9일 첫 회의를 열고, 일주일 뒤인 16일 반민법 초안을 국회에 제출했다. 1948년 9월 7일 반민법은 찬성 103명, 반대 6명으로 통과되었다. 그리고 이승만 대통령이 1948년 9월 22일, 법에 서명하고 법률 제3호로 공포했다. 이로써 친일반민족행위자에 대한 정부 차원의 처벌이 가능해졌다(반민법 전문은 47쪽 참조).

이렇게 '반민족행위처벌법'이 국회에서 통과되고 대통령이 서명했다고 해서 전 대한민국 시민이 이 법에 찬성한 것은 아니었다.

이승만의 견제

가장 먼저 반대에 나선 것은 말할 것도 없이 친일반민족행위를 저지른 자들이었다. 그러나 친일파 외에도 이 법을 마뜩잖아한 인물은 많았다. 초대 대통령 이승만이 대표적이었다. 그는 반민법 통과 다음날인 9월 23일, '반민법을 일률적으로 적용하기보다 정상을 참작하고, 반민족행위에 대한 처벌은 정부가 안정된 다음으로 미루자'는 요지의 담화를 발표한다.

왜적에 아부하여 악질적인 반민족행위를 감행한 자를 처단함은 민의

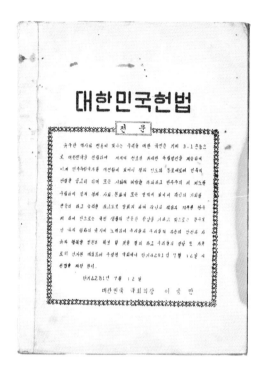

대한민국 제헌 헌법. '해방 이전의 반민족행위를 처벌하는 특별법을 제정할 수 있다'는 부칙을 삽입함으로써 반민법은 '소급입법금지' 논란을 피할 수 있었다.

가 지향하는 바이며, 우리가 다 이것을 각오하는 바다. 이런 민의에 따라서 본 대통령은 이번에 국회에서 의결된 반민족행위처벌법에 서명, 공포한다. 다만 본 대통령은 이 법을 공포함에 몇 가지 소감을 피력하지 않을 수 없다.

첫째, 이 법에는 작위를 받은 자의 자손에게 벌이 미쳐서 그 재산을 몰수한다는 규정이 있다. 자세한 해석이 없으면 과거 시대의 연좌제와 혼돈될 염려가 있으므로 현대 민주주의 법치국가로서 오해를 피해야 할 필요가 있다. 또 고등관을 역임한 자를 관등으로 구별해 벌칙을 정한 것은 일정한 차별을 만들기에 필요한 것이지만 법률은 문구보다 정신을 소중히 하는 것이다. 비록 등급으로는 처벌 대상에 해당하더라도 정신적으로는 용서를 받을 만한 경우도 있을 것이다. 이를 참작해 본 법에 해당하는 재판에서 이런 점에 특별히 유의해 억울한 일이 없도록 힘쓰기를 희망한다. 일반 동포들도 이런 점을 양해하고 주의하기 바라는 바다.

제6조에서 본 법에 규정한 죄를 범한 자가 개전의 정상이 현저할 때는 그 형을 경감 혹은 면제할 수 있다고 한 것은 관용과 엄격함을 구비한 규정이다. 대개 법으로써 죄를 벌함은 범죄자에게 보복을 가하는 것보다는 범죄자를 올바르게 이끌어 개과천선의 기회를 주려는 데 목적이 있다. 법률은 공평하고 엄정해야 하지만 의혹이 있는 경우에는 언제나 후한 편으로 치우치는 게 가혹한 편으로 치우치는 것보다 낫다고 생각한다.

또 한 가지, 내가 처음부터 주장한 것은 반민족행위자를 처벌함은 정부가 완전히 수립된 후에 하자는 것이다. 지금 대한민국 정부가 성립은 되었으나 정권 이양이 아직도 진행 중에 있는 터요, 또 유엔총회의 결과도 아직 완전히 정해지지 못한 터이므로, 모든 사태가 정돈되지 못한 이때 이 문제를 처리함에 있어서는 내외정세를 참고해야 할 점이 허다한 것이니 모든 지혜로운 지도자들은 재삼 생각할 필요가 있음을

이에 분명히 밝히는 바이다. _《경향신문》, 1948년 9월 24일

한편, 이승만의 담화가 발표되기 하루 전, 서울에서는 수십만 인파가 동원된 '반공국민대회'가 열렸다. 참가를 거부하면 '빨갱이'라는 공격이 강해졌던 이 대회에서는 친일파 처단을 성토하며 '반민법 수정' 요구안이 채택되는 일이 벌어졌다. 반민법에 대한 대통령의 견제와 반공국민대회의 개최는, 친일 청산에 반대하는 세력이 만만찮게 존재했음을 보여준다.

반민특위 출범과 암살 위협

1948년 10월 23일 반민족행위처벌법에 의거, 반민족행위 특별조사위원회(반민특위)가 출범한다. 반민특위 위원장에 김상덕, 부위원장에 김상돈, 조사위원에 조중현·박우경·김명동·오기열·김준연·김효석·이종순·김경배가 선임되었다. 모두 초대 국회의원들이었다.

최초의 반민특위는 10인의 국회의원으로 구성되었다. 이들만으로는 실무를 볼 수 없었기에, 국회는 1948년 11월 25일 〈반민족행위 특별조사기관 조직법안〉 〈반민족행위 특별재판부 부속기관 조직법안〉 〈반민법 중 개정법률안〉을 통과시켜 반민특위를 지원하도록 했다.

위원장 김상덕(1891~?)

경상북도 고령에서 태어나 도쿄에 유학했다. 1919년 재일 유학생들과 2·8 독립선언식을 거행하다 체포되어 몇 달간 복역했다. 그 후 상하이로 망명, 모스크바에서 개최된 동방혁명 대표자대회에 참가했고, 1928년에는 중국 지린성의 재만농민동맹의 중앙집행위원 책임비서에 선임되었다.

1932년에는 한국독립군 참모, 1935년에는 조선민족혁명당 중앙집행위원, 1942년에는 임시의정원 의원에 선임되었다. 1944년에는 임시정부 문화부장으로 활동했다.

1945년 광복 후 귀국하여 비상국민회의 대의원을 지냈고, 1948년 5월 10일 총선거에서 국회의원에 당선되었다. 반민특위 위원장으로 선출되었으나 특위를 무력화하려는 이승만 정권에 항의하며 사퇴했다. 한국전쟁 기간에 납북되었다.

부위원장 김상돈(1901~1986)

황해도 재령에서 태어났다. 미국에 건너가 태평양종교대학 사회사업과를 졸업한 후 재미 한국인 교육부장을 지냈다. 귀국 후 농촌교화사업을 벌이는 한편《조선일보》기자로도 활동했다.

1948년 총선거에서 당선되어 초대 국회의원으로 활동했다. 반민특위 부위원장으로 선출되었으나 특위 무력화를 꾀하는 정권에 항의하며 사퇴했다. 이후 10여 년간 야당의원으로서 이승만 정권과 맞섰다. 1960년 4·19 혁명 이후 초대 민선 서울특별시장에 당선되었다.

특별검찰부 차장 노일환(1914~1958?)

전라북도 순창군 출생. 보성전문학교를 졸업하고《동아일보》에 입사, 1941년 8월《동아일보》가 폐간될 때까지 정경부 기자로 일했다. 광복 후에도 언론계에서 활동하다가 1948년 5월 총선거에서 한국민주당 소속으로 고향에 출마해 당선되었다.

이후 제헌 국회에서 국가보안법 제정에 반대하고 미군 철수를 주장하는 등 이른 바 혁신파의 리더로 활약했다. 반민특위 특별검찰부 차장에 선출되어 반민족행위자 처벌에 앞장섰으나, 1949년 6월 국회의원들이 북한에 포섭되었다는 '국회 프락치 사건'에 연루되어 국가보안법 위반 혐의로 검찰에 구속되었다. 이에 의원직을 사퇴하고 재판을 치르던 중 한국전쟁이 일어나자 월북했다. 1958년 숙청된 것으로 알려진다.

조사위원회는 먼저 공문서, 신문, 기타 출판물을 조사해 반민족 행위 혐의가 있는 자들의 명부를 작성하고, 이를 기초로 현지 조사 및 증거 수집에 나섰다. 조사가 끝나면 10일 이내에 특위의 결의로 조사 보고서를 작성하고, 반민족행위자에 대한 특위의 의견서를 첨부해 특별검찰부에 제출해야 했다. 특별검찰부는 송치된 반민족행위자에 대한 기소 여부를 20일 이내에 결정하고, 특별재판부는 기소 후 30일 안에 첫 공판을 열어야 했다.

그리고 1948년 10월, 드디어 반민족행위자에 대한 예비조사가 시작된다.

그런데 반민특위보다 먼저 활동을 시작한 이들이 있었으니, 반민특위의 출범에 위협을 느낀 친일파들이었다. 대표적 인물인 최난수, 홍택희, 노덕술은 일제 치하에서 경찰로 승승장구했으며 광복 후에도 대한민국 경찰 고위직에 있던 자들이었다. 이들은 반민특위 활동을 저지하기 위해 특위의 주요 인사들에 대한 암살 계획(45쪽 참조)을 세웠다.

국회가 통과시키고 대통령이 서명해 공포된 법에 따라 설치한 위원회의 집행부와 요원을 암살한다는 대담한 계획을, 그것도 전·현직 경찰 수뇌부가 모의했다는 것은 오늘날에는 상상하기 힘든 일이다. 그러나 이들의 하수인으로 살인청부를 받은 백민태가 자수하면서 세상에 알려졌다. 음모의 주동자들은 법원에서 유죄를 선고받

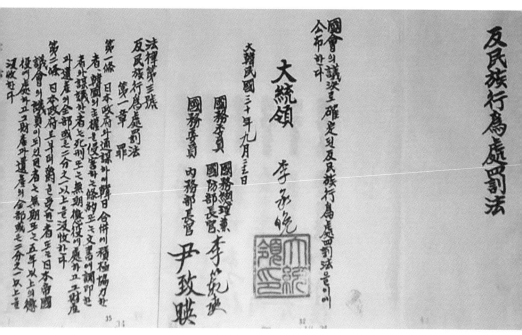

反民族行爲處罰法

國會의 議決로 確定된 反民族行爲處罰法을 이에 公布한다

大韓民國三十年九月二十二日

大統領 李承晩

國務委員 國務總理 李範奭
國務委員 國防部長官 李範奭
國務委員 內務部長官 尹致暎

法律第三號

反民族行爲處罰法

第一章 罪

第一條 日本政府와 通謀하여 韓日合倂에 積極協力한 者, 韓國의 主權을 侵害하는 條約 또는 文書에 調印한 者와 謀議한 者는 死刑또는 無期徵役에 處하고 그財産과 遺産의 全部或은 二分之一以上을 沒收한다

第二條 日本政府로부터 爵을 受한 者 또는 日本帝國議會의 議員이 되었던 者는 無期또는 五年以上의 懲役에 處하고 그財産과 遺産의 全部或은 二分之一以上을 沒收한다

第三條

반민법 공포문. 이승만은 명분에 밀려 공포안에 서명했지만 이후 반민특위의 활동을 끊임없이 견제하고 방해하게 된다.

았다. 물론 그 죄상에 비하면 턱없이 낮은 형량이었고, 관련자 또한 무죄로 풀려나는 등 제대로 집행되지 않았지만.

그런 한편으로 박흥식을 비롯한 반민족행위 피의자들은 해외로 도피하거나 도피를 시도하기도 했다.

반민특위 조직도

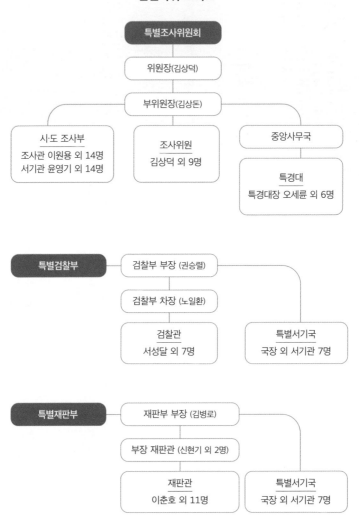

특별조사위원회

위원장(김상덕)

부위원장(김상돈)

시·도 조사부
조사관 이원용 외 14명
서기관 윤영기 외 14명

조사위원
김상덕 외 9명

중앙사무국

특경대
특경대장 오세륜 외 6명

특별검찰부

검찰부 부장 (권승렬)

검찰부 차장 (노일환)

검찰관
서성달 외 7명

특별서기국
국장 외 서기관 7명

특별재판부

재판부 부장 (김병로)

부장 재판관 (신현기 외 2명)

재판관
이춘호 외 11명

특별서기국
국장 외 서기관 7명

반민특위요원 암살음모 사건(1949)

1948년 10월, 수도경찰서(현 서울시경) 수사과장 최난수, 사찰과 차석 홍택희, 전 수사과장 노덕술은 반민특위 구성을 무산시킬 목적으로 음모를 꾸몄다.

그 내용은 반민법 제정과 특위 구성을 주도한 3인의 국회의원(김웅진, 노일환, 김장렬)을 납치, 38선 근처에서 살해한 후 이들이 월북하려 했다는 누명을 씌우는 것이었다. 이들은 이 밖에도 초대 대법원장이자 반민특위 특별재판부 재판장을 맡게 되는 김병로 등 관련 요인 15명을 암살한다는 계획을 세웠다. 최난수와 노덕술 등은 이 일을 백민태라는 인물에게 맡겼고, 10만 원의 활동 자금과 권총 1정, 수류탄 5개와 실탄을 지급했다. 이를 포함한 30만 원의 자금을 지원하기로 한 것은 화신백화점 사장 박흥식이었다. 그러나 이듬해 1월, 검찰에 자수한 백민태가 이러한 사실을 진술함으로써 전모가 드러나게 된다.

이후 사건의 주동자들은 모두 체포되어 재판에 넘겨졌다. 그러나 살인 예비죄 등의 혐의를 받은 최난수·홍택희에게는 각각 징역 2년만 선고되었고, 노덕술은 증거불충분으로 무죄 판결을 받아 풀려나게 된다.

그렇다면 백민태라는 인물은 누구일까? 백민태는 일제강점기에 중국 베이징에서 일본군 요인을 암살하고 철도와 극장 등 주요 시설을 폭파해 사형 선고까지 받은 인물이다. 엄연히 독립운동가라고 할 수 있는 자다. 그럼에도 노덕술이 백민태를 고용한 것은 광복 이후 그가 여운형

반민특위요원 암살음모사건의 공판이 열린 4호 법정.

자택 폭파사건을 일으키는 등 우익 테러리스트로 활동했기 때문이다. 또한 그가 일제의 밀정이었던 대동신문사 사장 이종형과 밀접한 관계였다는 점도 고려되었을 것이다. 이종형은 만주에서 250여 명에 이르는 독립운동가를 직접 체포·투옥시켰고, 그 가운데 17명을 순국하게 만든 자였다. 그런 공로를 인정받아 조선총독부 경무국과 헌병사령부에서 고위직에 오른 인물로 친일반민족행위자 가운데도 첫손에 꼽을 정도였다. 그런 이종형의 심복이었으니 백민태를 신뢰한 것은 당연한 일이었다. 그러나 마지막 순간 백민태는 자수를 택했다. 그가 처음부터 암살 음모에 참여할 의사가 없었는지, 도중에 마음을 돌렸는지는 그 자신만이 알 것이다.

반민족행위처벌법 전문(1948)

제1장 죄

제1조 일본 정부와 통모하여 한일합병에 적극 협력한 자, 한국의 주권을 침해하는 조약 또는 문서에 조인한 자와 모의한 자는 사형 또는 무기징역에 처하고 그 재산과 유산의 전부 혹은 2분의 1 이상을 몰수한다.

제2조 일본 정부로부터 작(벼슬)을 받은 자 또는 일본 제국의회의 의원이 되었던 자는 무기 또는 5년 이상의 징역에 처하고 그 재산과 유산의 전부 혹은 2분의 1 이상을 몰수한다.

제3조 일본 치하 독립운동자나 그 가족을 악의로 살상·박해한 자 또는 이를 지휘한 자는 사형, 무기 또는 5년 이상의 징역에 처하고 그 재산의 전부 혹은 일부를 몰수한다.

제4조 아래 각호의 하나에 해당하는 자는 10년 이하의 징역에 처하거나 15년 이하의 공민권을 정지하고 그 재산의 전부 혹은 일부를 몰수할 수 있다.

1. 습작한 자

2. 중추원 부의장, 고문 또는 참의가 되었던 자

3. 칙임관 이상의 관리가 되었던 자

4. 밀정 행위로 독립운동을 방해한 자

5. 독립을 방해할 목적으로 단체를 조직했거나 그 단체의 수뇌간부로
   활동했던 자

6. 군, 경찰의 관리로서 악질적인 행위로 민족에게 해를 가한 자

7. 비행기, 병기 또는 탄약 등 군수공업을 책임경영한 자

8. 도, 부의 자문 또는 결의기관의 의원이 되었던 자로서 일정에 아부
   하여 그 반민족적 죄적이 현저한 자

9. 관공리 되었던 자로서 그 직위를 악용하여 민족에게 해를 가한 악
   질적 죄적이 현저한 자

10. 일본 국책을 추진시킬 목적으로 설립된 각 단체본부의 수뇌간부로
    서 악질적 지도적 행동을 한 자

11. 종교·사회·문화경제 기타 각 부문에 있어서 민족적인 정신과 신념을
    배반하고 일본 침략주의와 그 시책을 수행하는 데 협력하기 위해 악
    질적인 반민족적 언론, 저작과 기타 방법으로써 지도한 자

12. 개인으로서 악질적인 행위로 일제에 아부하여 민족에게 해를 가한
    자

제5조 일본 치하에 고등관 3등급 이상, 훈 5등 이상을 받은 관공리 또
는 헌병, 헌병보, 고등경찰의 직에 있던 자는 본 법의 공소시효 경과 전
에는 공무원에 임명될 수 없다. 단, 기술관은 제외한다.

제6조 본 법에 규정한 죄를 범한 자, 개전의 정상이 현저한 자는 그 형을 경감 또는 면제할 수 있다.

제7조 타인을 모함할 목적 또는 범죄자를 옹호할 목적으로 본 법에 규정한 범죄에 관해 허위의 신고, 위증, 증거인멸을 한 자 또는 범죄자에게 도피의 길을 협조한 자는 당해 내용에 해당한 범죄규정으로 처벌한다.

제8조 본 법에 규정한 죄를 범한 자로서 단체를 조직하는 자는 1년 이하의 징역에 처한다.

제2장 특별조사위원회

제9조

1. 반민족행위를 예비조사하기 위해 특별조사위원회를 설치한다.
2. 특별조사위원회는 위원 10인으로 구성한다.
3. 특별조사위원은 국회의원 중에서 아래의 자격을 가진 자를 국회가 선거한다.
   ①독립운동의 경력이 있거나 절개를 견지하고 애국의 성심이 있는 자
   ②애국의 열성이 있고 학식·덕망이 있는 자
4. 국회는 특별조사위원회의 처리가 본 법에 위배한다고 인정할 때는 불신임을 의결하고 특별조사위원을 다시 뽑을 수 있다.

제10조 특별조사위원회는 위원장, 부위원장 각 1인을 호선한다.

위원장은 조사위원회를 대표하며 회의에 의장이 된다.

부위원장은 위원장을 보좌하고 위원장이 사고가 있을 때는 그 직무를 대리한다.

제11조 재임 중인 특별조사위원은 현행범 이외에는 특별조사위원장의 승인이 없이 체포·신문을 받지 않는다.

제12조

1. 특별조사위원회는 사무를 분담하기 위해 서울시와 각도에 조사부, 군부에 조사지부를 설치할 수 있다.

2. 조사부 책임자는 조사위원회에서 선거하여 국회의 승인을 받아야 한다.

3. 특별조사위원회와 각도 조사부는 해당 사무의 공정 타당을 기하기 위해 언제든지 국회의원의 요구가 있을 때는 조사문서를 정시해야 한다.

제13조 특별조사위원회에서 채용하는 직원은 친일모리의 혐의가 없는 자라야 한다.

제14조 조사방법은 문서조사, 실지조사의 2종으로 한다.

문서조사는 관공문서, 신문 기타 출판물을 조사해 피의자 명부를 작성한다.

실지조사는 피의자 명부를 기초로 하고 현지출장 기타 적당한 방법으로 증거를 수집하여 조사서를 작성한다.

제15조

1. 특별조사위원회가 조사 사무를 집행하기 위해 정부와 기타의 기관에 필요한 보고기록의 제출 또는 협력을 요구할 때는 이에 응해야 한다.
2. 특별조사위원은 조사상 필요에 따라 사법경찰관리를 지휘명령할 수 있다.

제16조 특별조사위원이 직무를 수행할 때는 특별조사위원장의 신임장을 소지케 하며 그 행동의 자유를 보유하는 특권을 가지게 된다.

제17조 특별조사위원회가 조사를 완료할 때는 10일 이내에 위원회의 결의로 조사보고서를 작성하고 의견서를 첨부해 특별검찰부에 제출해야 한다.

제18조 특별조사위원회의 비용은 국고 부담으로 한다.

제3장 특별재판부 구성과 절차

제19조 본 법에 규정된 범죄자를 처단하기 위해 대법원에 특별재판부를 설치한다.

반민족행위를 처단하는 특별재판부는 국회에서 선거한 특별재판부부장 1인, 부장재판관 3인, 재판관 12인으로써 구성한다.

전항의 재판관은 국회의원 중에서 5인, 고등법원 이상의 법관 또는 변호사 중에서 6인, 일반사회 인사 중에서 5인으로 해야 한다.

제20조 특별재판부에 특별검찰부를 병치한다.

특별검찰부는 국회에서 선거한 특별검찰부 검찰관장 1인, 차장 1인, 검찰관 7인으로써 구성한다.

제21조 특별재판관과 특별검찰관은 아래 자격을 가진 자 중에서 선거해야 한다.

1. 독립운동에 경력이 있거나 절개를 견수하고 애국의 성심이 있는 법률가

2. 애국의 열성이 있고 학식, 덕망이 있는 자

제22조 특별재판부부장과 특별재판관은 대법원장 및 법관과 동일한 대우와 보수를 받고 특별검찰관장과 특별검찰관은 검찰총장 및 검찰관과 동일한 대우와 보수를 받는다.

제23조 특별재판부의 재판관과 검찰관은 그 재임 중 일반재판관 및 일반검찰관과 동일한 신분의 보장을 받는다.

제24조 특별재판부의 재판관과 검찰관은 그 재임 중 국회의원, 법관과 검찰관 이외의 공직을 겸하거나 영리기관에 참여하거나 정당에 관여하지 못한다.

제25조 특별재판부에 3부를 두고 각부는 재판장 1인과 재판관 4인의 합의로써 재판한다.

제26조

1. 특별검찰관은 특별조사위원회의 조사보고서와 일반검찰 사실을 기초로 하여 공소를 제기한다. 단, 특별검찰관의 결정이 부정당하다고 인정된 때는 특별조사위원회는 특별검찰관 전원의 합의에 의한 재고려를 요구할 수 있다.
2. 특별검찰관은 검찰상 필요에 의하여 특별조사위원에게 재조사를 위촉하거나 사법경찰관을 지휘명령할 수 있다.

제27조 특별검찰관은 특별조사위원회의 조사보고서를 접수한 후 20일 이내에 기소해야 하며 특별재판부는 기소된 사건에 대해 30일 이내에 공판을 개정해야 한다. 단, 특별재판부는 부득이한 사정이 있을 때는 기간을 연장할 수 있으되 30일을 초과할 수 없다.

제28조 본 법에 의한 재판은 단심제로 한다.

소송절차와 형의 집행은 일반 형사소송법에 의한다.

부칙

제29조 본 법에 규정한 범죄에 대한 공소시효는 본 법의 공포일로부터 2년을 경과함으로써 완성된다. 단, 도피한 자나 본 법이 사실상 시행되지 못한 지역에 거주하는 자 또는 거주하던 자에 대해서는 그 사유가 소멸된 때로부터 시효가 진행된다.

제30조 본 법의 규정은 한일합병 전후부터 1945년 8월 15일 이전의 행위에 이를 적용한다.

제31조 본 법에 규정한 범죄자가 대한민국 헌법 공포일 이후에 행한 재산의 매매, 양도, 증여 등의 법률 행위는 일체 무효로 한다.

제32조 본 법은 공포일로부터 시행한다.

특별조사위원회의
박흥식 조사

1949년 1월~2월

반민특위 구속자 1호
박흥식

주요 요인들에 대한 암살 움직임마저 이는 와중에도 반민특위는 적극적인 활동을 개시했다. 그리고 1949년 1월 8일, 첫 용의자로 '조선 제일의 재벌' 박흥식을 체포해 서대문형무소에 수감했다.

그렇다면 박흥식은 누구일까? 박흥식은 일제의 악질 형사도 아니고 독립군을 토벌한 일본군 출신도 아닌, 사업가일 뿐이었다. 게다가 그는 애국자 집안 출신이었다. 부친 박제현은 애국계몽단체인 서북학회에 가입했을 뿐 아니라 진명일어학교와 보신학교 경영에 참여한 근대적 사고의 소유자였다. 그의 형 박창식 역시 독립운동에 투신했다가 고문을 당한 끝에 젊은 나이에 세상을 떠난 애국지사였다.

이런 집안에서 자란 박흥식이 반민특위의 1호 구속자가 된 까닭

반민특위가 예비조사를 개시하자 전국에서 친일파들의 행적에 대한 제보가 쏟아졌다.
박흥식은 이런 제보와 조사를 종합한 끝에 반민족행위자 1호로 낙점되었다. 1949년 1월 전남
광주에 설치된 반민족행위 특별조사위원회의 신고함.

은 무엇일까. 반민특위가 정리한 보고서에 따르면 박흥식의 반민족
행위 혐의는 다음과 같다.

조선비행기공업 주식회사 경영

무엇보다 박흥식은 조선비행기공업 주식회사(조선비행기회사)의 경
영 책임자였다. 1944년 박흥식은 조선비행기회사를 만들겠다는 의
도를 조선총독과 조선군사령관 그리고 내각총리대신에게 피력했
다. 그는 회사 설립 취지서에서 "조선은 총독의 통치 이래 35년, 반
도 2500만 민중은 한 가지 황은에 힘입어 이미 물심양면으로 전력
에 공헌했다고는 하나 아직 지역 내에 항공기 생산기관이 보잘것없
음은 유감이다. 이에 우리들은 하루라도 속히 우리들의 땀과 피로
써 된 비행기를 전장에 보내는 것이 염원이던 바, 더욱이 올해 1944
년은 징병 실시의 기념할 해이고 보니 충성스럽고 용맹한 반도 장
정은 전원이 황군의 정예강병에 새로운 위력을 더할 때라. 이때 적
격멸의 제일 무기인 정예한 비행기를 우리 손으로 제작하여 결전장
으로 보내어 우리 황군이 이를 이용해 동아의 숙적을 격멸하는 날,
그 감격을 어디에다 비할 것인가"라고 밝혔다.

　박흥식은 조선에 세워진 발전소와 풍부한 광산자원을 항공기 공
업에 유리한 조건으로 보았고, 인력 동원에도 자신이 있었다. 비행

만년의 박흥식. 그는 일제강점기에는 조선 제1의 재벌이었고,
광복 이후에는 반민특위 제1호 구속자였다.

기 제작이 군수공업의 꽃임을 알아챈 그는 일본제국에 충성을 맹세함으로써 총독부 당국의 후원과 제작에 필요한 자재·기술을 획득하고자 했다.

박흥식이 안양에 세운 조선비행기공업 주식회사 공장은 1944년 5월 시운전, 그해 6월부터 일부 작업을 개시했다. 이를 위해 조선 각지의 기계와 물자를 강제 징발했고, 1700여 명을 공장 노동자로 징용했다. 이 때문에 특히 인근 주민들의 피해가 컸다고 한다.

내선일체 및 제국주의 전쟁에 협력

다음으로 박흥식은 동양척식 주식회사 감사를 비롯해 수많은 친일 단체의 간부였다. 1941년 설립된 흥아보국단이 대표적으로, 박흥식은 이 조직의 준비위원이자 상임위원이었다. 흥아보국단은 전시 체제에 돌입한 일본의 수탈·징발을 위한 선전 단체로 윤치호가 조선총독부와 협의해 주도한 조직이었다. 박흥식은 이와 유사한 조선임전보국단에도 참여했으며, 그밖에 국민총력조선연맹의 이사, 전쟁 말기인 1945년에 설립된 대화동맹에도 이름을 올렸다.

박흥식은 이런 단체들의 주역으로 활동하면서 적극적인 친일 행보를 보였다. 1942년 일본 천황을 만난 그는 이듬해 〈지성으로 봉공〉이라는 글을 《매일신보》에 발표한다.

작년 오늘 나는 황공하옵게도 산업경제계 대표자의 한 사람으로, 특히 반도 출신으로는 유일하게 알현의 영광을 입었습니다. 지척에서 용안을 뵙고 절한 때의 감격은 일생을 두고 잊을 수가 없습니다. 우리들 산업경제계에 있는 사람들은 이 대어심大御心(황제의 큰 아량)을 받들고자 더욱 노력하지 않으면 안 됩니다. 이제 결전의 양상은 나날이 심각 가열해서 전력의 증강은 시시각각 급무가 되고 있습니다. 지금의 대포 한 대, 비행기 한 대는 내일의 대포 열 대, 비행기 열 대보다 나은 전력을 발휘하는 것입니다. 조금이라도 한가하게 할 수는 없는 것입니다. 모든 전장에 있는 사람은 오직 증강에만 용기를 내며 최후의 승리를 얻기까지 매진해야만 합니다.

대동아전쟁 이래 반도 2500만 백성이 얼마나 황민皇民됨에 자각을 높여 얼마나 성업을 돕고, 또 돕기 위해 지성을 다해 왔느냐 하는 것에 나는 새삼스럽게 말할 것이 없습니다. 오직 내지內地(일본 본토) 동포와 일체가 되어 대동아전쟁(태평양전쟁) *의 필승과 더불어 대동아 건설을 위해서 전체를 바치고 있다는 것은 단언

할 수 있어 그것을 경축하는 바입니다.

박흥식은 이에 그치지 않고 조선에서 징병제가 실시된다는 소식에 맞춰 황국 신민이 될 수 있는 유일한 길이

● ─────────────
1941~1945년 태평양과 동남아시아를 무대로 벌어진 2차 세계대전의 주요 전선. 미국을 비롯한 연합국을 상대로 한 이 전쟁에서 일본이 패배함으로써 한반도는 광복을 맞이하게 된다.

라며 학병 지원을 종용했다. 그는 1943년 11월 10일자《매일신보》
에 발표한〈이 전과를 생각하고 학병의 분기를 바란다〉라는 글에서
"특별지원제 발표로 반도 2500만 동포가 기쁨의 절정에 달하여 있
을 때 거듭하여 이런 대전과를 접한 것을 황군 장병들에 대하여 진
심으로부터 감사하는 동시에, 앞으로 어떻게 해야 이 존귀한 노고
에 보답할까 큰 부담을 느끼는 바입니다. 아무리 생산력이 풍부한
미국과 영국이라 할지라도 이대로 나간다면 머지않아 우리 황군 앞
에 굴복하리라고 확신합니다. 반도 청년 학도들은 자신의 숭엄한
임무를 깨달아, 오는 20일 지원병 모집 기한까지 한 사람도 빠짐없
이 전부 지원하기를 바라마지 않습니다"라고 역설한 바 있다.

체포 막전막후

반민특위의 1호 체포자로 박흥식이 걸맞은가에 대해서는 사람마다 평가가 다를 수 있다. 누군가는 일본 경찰의 밀정 노릇을 하며 독립 군을 잡고 고문하는 데 앞장선 자들이 가장 나쁘다고 볼 것이다. 또 누군가는 일제에 정치적·문화적으로 협조한 명망가, 지식인들부터 잡아넣어야 한다고 볼 수도 있을 것이다. 그러나 반민특위가 박흥식을 반민족행위자 1호로 점 찍은 것은, 예비조사를 통해 그가 기업 경영을 구실로 일제강점기 내내 조선 민중에게 광범한 피해를 안기며 사욕을 채운 대표적 인물이라고 보았기 때문이다.

도피 의혹과 긴급구속

이 무렵 박흥식은 미국 비자를 발급받아 한국을 탈출할 계획을 세우고 있었다. 이를 눈치챈 반민특위는 그의 사무실을 급습, 체포하는 데 성공한다. 1949년 1월 8일 오후 4시에 벌어진 일이었다. 박흥식의 검거는 언론에 대서특필되었고, 반민특위는 정국 최대 이슈로 떠오르게 된다.

반민특위 부위원장 김상돈은 관련 인터뷰에서 긴급체포 사유를 다음과 같이 밝혔다. "그가 도피를 준비하고 있다고 보았다. 또 반민법 수행에 있어 방해되는 일(반민특위요원 암살미수사건에 자금책으로 연루되었음을 말하는 것으로 보인다)이 있기 때문이다. (박흥식에게 여권이 발급된 경위에 대한 질문에는) 박흥식이 친일 거두요, 반민 혐의의 일급에 해당하는 인물이라는 것은 삼척동자도 알 것이다. 그러한 인물에게 대한민국 정부 책임자가 도피의 도구인 여권을 교부했다는 것은 무책임한 처사라고 본다. 그런 일은 다시 없을 것이다. 그의 여권은 외

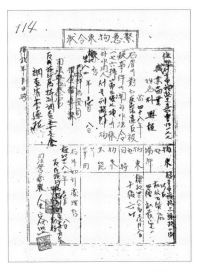

박흥식에게 발부된 긴급구속영장. 박흥식의 도피 계획을 알아챈 반민특위는 한발 앞서 그를 체포하는 데 성공한다.

긴급구속영장

반민족행위 특별조사위원회

주소: 서울시 종로구 가회동 177
직업: 상업
성명: 박흥식
나이: 48세

반민법 위반 피의사건에 관한 법령 176호 제3조 7항에 의거 위 사람을 서울형무소에 구속함.

1949년 1월 8일
반민족행위 특별조사위원회
조사관 이덕근

장소: 서울시 종로구 종로 2가 소재 화신백화점 4층 사장실
일시: 1949년 1월 8일 오후 6시

위와 같이 처리함.

1949년 1월 8일
반민족행위 특별조사위원회
사법경찰관 김용희

무부에서 철회했다."

이승만의 반격

한편 1월 10일 대통령 이승만은 다음과 같은 담화를 발표했다.

우리가 우리의 힘으로 국권을 회복했다면 이완용·송병준 등 반역 원괴들을 다 처벌하고 공분을 씻어 민심을 안돈하게 했을 것이다. 그러나 그렇지 못한 관계로, 또 국제정세로 인해 지금까지 (친일 청산) 실시를 연기해 왔으나, 국권을 찾고 건국하는 오늘에 와서는 공분도 다소 풀리고 형편도 많이 달라졌다. 또한 부일협력자의 검거 심사 등이 심상한 법안이 아닌 만큼, 그 죄를 범하게 된 근본적 배경과 역사적 사실을 냉철하게 참고하지 않고는 공정히 처리하기 어려운 것이 오늘의 실상이다. 지금 국회에서 이를 해결하기로 진행 중이니 그 제정된 법과 선임된 법관에 의해 이 중대한 문제가 영구히 그릇됨이 없이 해결되어야 할 것이다.

원래 범죄를 처벌하는 법률의 큰 뜻은 오직 그 죄를 징계함으로써 다시는 범법자가 없게 하고 순량한 국민을 보호함에 있다. 반민법의 정신 또한 반드시 이를 중심으로 삼아야 할 것이고, 또 이 법률을 집행하는 법관들도 이를 내세워 편협함이 없이 명확한 사실과 증거를 거울삼

東鄉新聞　（火曜日）

反民法遂行에鐵桶

特別調委서朴興植을逮捕收監

公正冷徹히處理하라
反民法發動에李大統領談話

處事에干涉말라
金調委副委員長談

이대통령

김상돈씨

박흥식의 체포 소식을 전하는 신문 기사("반민법 수행에 철통/민족정기로 죄악을 처단/반민조위서 박흥식을 체포수감"). 오른쪽에는 이 사건에 관한 특별조사위 부위원장 김상돈의 인터뷰가, 그 위쪽에는 반민특위에 대한 대통령 이승만의 모호한 입장문이 함께 소개되어 있다(《경향신문》, 1949년 1월 11일).

아, 그 경중과 실정에 따라 오직 법에 근거해서만 처단해야 함을 조금이라도 소홀히 생각해서는 안 될 것이다.

이에 대해 한 가지 중대히 고려할 점은 우리가 건국 초기에 앞으로 세울 사업에 더욱 노력해야 한다는 것이다. 따라서 지난날에 구애되어 앞날에 장애가 되는 것보다 과거의 부족하고 잘못된 점을 깨끗이 치움으로써 국민의 정신을 쇄신하고 국가의 기강을 밝히기에 표준을 두어야 한다. 입법부에서는 사법부가 억울한 범죄자의 수를 극히 줄이는 데 힘쓸 것이요, 또 증거가 불충분한 경우에는 관대한 편이 가혹한 형벌보다 동족을 애호하는 도리가 될 것이다.

이승만의 담화는 언뜻 반민족행위자 처벌과 관련해 억울한 피해자가 없어야 한다는 원칙론을 이야기하는 것처럼 보인다. 그러나 당시는 겨우 첫 체포자가 나온 상황이었다. 게다가 반민법이 시행된 것은 해방 후 3년이나 지나서였다. 식민지배와 친일의 잔재를 해소하려는 당시 민중의 염원을 고려하면 "지난날에 구애되어 앞날에 장애가 되는 것"을 운운하는 이승만의 처신은 대한민국 초대 대통령의 입장이라기에는 지나치게 소극적이라고 볼 수 있겠다.

특별조사위원회의
피의자 신문

위 반민법 위반 피의사건에 관해 1949년 1월 11일 반민족행위 특별조사위원회에서 조서관 이덕근이 서기관 박희상을 입회하에 피의자를 신문함이 다음과 같음.

특(특별조사위원회)　　성명, 연령, 신분, 주거와 본적은 어디인가?

박(박흥식)　　박흥식, 48세, 직업은 상업이며 신분은 사장. 주거지는 서울시 종로구 가회동 177, 평안남도 용강군 용강면 옥도리가 본적입니다.

특　작위, 훈장을 받았거나 연금을 받는가? 또는 공무원이 아닌가?

박　받지 않았습니다.

특　현재 관계하는 사업은?

박　화신백화점, 주식회사 화신, 화신무역 주식회사 등입니다.

특　그밖에 다른 사업은 없는가?

박　없습니다.

특　이름만이라도 걸어 놓은 회사나 사업단체가 없는가?

박　세 군데밖에는 없습니다.

특　흥한재단은?

박　제가 설립자올시다.

특　흥한재단엔 얼마나 내놓았는가?

박　은행에서 감정하기를 1억6000만 원입니다.

특　1945년 8월 15일, 즉 해방 당시 재산은 얼마나 되었는가?

박　잘 모르겠습니다.

특　대충이라도 모르겠는가?

박　글쎄올시다. 해방되던 해 8월 17일 당시 조선군사령부 참모장이 일본으로 망명하라면서 네 재산을 보상해주겠다기에 약 1000만 원을 말한 일이 있습니다.

특　현재 재산은 얼마나 되리라고 추측하는가?

박　남들은 어떻게 여기는지 모르겠으나 해방 후 아무것도 한 일이 없습니다. 미군정 3년간 상무부장도 친구로 두었지만 배급이나 관리 같은 일감을 부탁한 일도 없습니다.

특　소문으로는 현재 재산이 한 30~40억가량 된다는데 어떤가?

박　현재 재산은 홍한재단에 들어간 1억6000만 원과 가회동 집, 그리고 기백만 원의 주식뿐입니다.

특　조선비행기회사는 청산이 끝났는가?

박　전부 끝났습니다.

특　그 회사에서는 어떤 종류의 비행기를 만들려고 했는가?

박　항간에서는 폭격기를 만든다고 말합니다마는 폭격기가 아니라 목제기(나무로 만든 비행기)를 만들려 했던 겁니다.

특　조선비행기회사는 어떤 동기에서 설립했는가?

박　1943년 10월경에 당시 군사령관 이타가키 세이시로板垣征四郞와 그 밑의 참모장이 권고해서 이듬해 10월에 창립했습니다.

특　조선군사령부에서 당신에게 조선비행기회사를 맡긴 이유는 무엇인가?

박　제가 당시 조선 실업계의 일인자였기 때문입니다.

특　조선비행기회사에서는 어느 때쯤 제1호기를 내놓을 예정이었는가?

박　그것은 예정하지 못했습니다.

특　사업은 어느 정도 진척되었나?

박흥식의 저택이 있던 서울시 가회동 177-1번지.
이 길목은 조선 제일의 갑부가 산다고 하여
'박흥식 고개'로 불렸다.

박　공장 건설이 8할밖에 되지 못했으니 생산과정은 들어가지도 못했습니다.

특　그럼 노동자들은 뭘 했는가?

박　그야말로 빈둥빈둥 놀렸습니다.

특　노동자들은 징용(강제 동원)이었나?

박　징용한 사실은 없고, 자유 모집으로 채용하면 현원징용現原徵用*이란 흉장을 달게 되었습니다.

특　징용된 노동자들의 대우는 어떠했는가?

박　일본 등지에 비해서 좋았으리라고 생각합니다.

특　노동자 모두 몇 명이나 되었는가?

박　2800명가량이었습니다.

특　조선비행기회사의 간부는 누구였는가?

박　조선 사람으로는 이기연밖에 없었습니다.

특　그 밖엔 전부 일본인인가?

박　예. 재무나 계획이나 기술이나 모두 일본인이었습니다.

특　일본인을 고용한 것은 군수성이나 조선총독부와의 일을 용이하게 하기 위한 것인가?

박　아니올시다. 애당초부터 이 일은 군사령부나 조선총독부에서 나를 이용한 것입니다.

●────────
모집이나 알선 방식으로 채용된 노동자를 현장에서 징용 노동자로 신분을 바꾸는 제도. 1939년 일제가 총동원을 위해 제정한 국민징용령의 일부. 현원징용으로 전환되면 예컨대 노동자가 고향으로 돌아가고 싶어도 강제 노동에 동원되어야 했다.

특　그러면 왜 조선비행기회사를 창립하려고 수백만 원씩 접대비를 썼는가?

박　창립비용은 70만 원밖에 안 됩니다.

특　기업으로서 조선비행기는 채산이 맞는(이익이 나는) 사업인가?

박　그렇지 않습니다.

특　그러면 사업가인 당신은 어째서 이 사업을 추진했는가?

박　내 사업이라면 손을 댔을 리가 없습니다.

특　그러면 일본군의 전력 증강을 위해서 했는가?

박　그렇지 않습니다.

특　1941년 1월 일본에 가서 일황 히로히토裕仁를 만났는가?

박　네.

특　그때 산업보국産業報國(산업을 일으켜 애국함)을 맹서했다는데.

박　나를 천거해 일본에 보낸 일 자체가 조선총독부가 벌인 일입니다. 나는 하라는 대로 따라만 다녔을 뿐입니다.

특　조선군사령부로부터는 물자를 얼마나 받았는가?

박　없습니다.

특　물자 보급에 대한 약속도 없었나?

박　없었습니다. 그저 물자는 대줄 테니 하라고만 하더군요.

특　해방이 되자 조선군사령부로부터 보상금을 받았는가?

박　받았습니다.

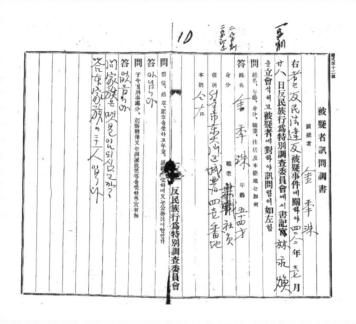

박흥식의 1차 피의자 신문조서와 조선비행기회사 공장에서 양산하기로 했던 Ki-77.
박흥식은 단순 목제기라고 둘러댔지만 이 기체는 1940년대 초반 일본의 주력 전투기였던
Ki-27의 조종사를 양성하기 위한 고등훈련기였으며, 제작 기술을 배우기 위해 수백 명의
조선인들이 일본과 만주로 징용되었다.

특　얼마나 받았는가?

박　2100만 원을 받았습니다.

특　그 돈은 어떻게 처분했는가?

박　민간 투자금 1200만 원을 청산하고, 1600만 원은 차입금을 반환했습니다.

특　공로금으로 또 받으신 게 있다던데.

박　공로금이 아니올시다. 사실은 조선군사령관이 2000만 원을 주면서 비행기도 줄 테니 일본으로 망명하라고 그러더군요.

특　왜 일본으로 안 갔는가?

박　갈 생각이 없었습니다.

특　2000만 원을 줄 때는 아무 조건이 없었나?

박　없었습니다. 앞으로 사업 갱생비로 쓰라고 준 것입니다.

특　해방 후, 그 당시에 다시 사업을 계속할 의사가 있었나?

박　화폐의 팽창과 경제의 혼란을 예측했습니다만, 조건 없이 주는 돈이라니까 가능하면 더 받고 싶었습니다.

　　공술자가 열람 후 틀림이 없음을 확인하고 서명날인함.

공술자 박흥식

1949년 1월
반민족행위 특별조사위원회
조사관 이덕근
서기관 박희상

태화여자관과 종로경찰서를 바꾼 사연

2차 신문

1949년 1월 25일
반민족행위 특별조사위원회
피의자 박흥식

위 반민법 위반 피의사건에 관해 1949년 1월 25일 반민족행위 특별조사위원회에서 조사관 이덕근이 서기관 박희상을 입회하에 피의자를 신문함이 다음과 같음.

특　선일 지물포(종이 유통사)를 경영하면서 마닐라지를 직수입하는 일에 조선총독부 외사과장 다나카 다케오田中武雄의 힘을 빌린 것이 사실인가?

박　지물은 도쿄에서 중계 수입했습니다. 다나카 다케오는 그 당시엔 알지 못했고, 나중에 그가 정무총감으로 있을 때 알았습니다.

특　태화여자관*을 사서 종로경찰서와 바꾸게 된 경위는 어떠한가?

박　본래 태화여자관을 사려 했는데 당시 종로서장이 자기가 쓰겠다 했습니다. 그래서 태화여자관은 기증하고 종로서 건물은 불하받는 형식을 취했

* 1921년 설립된 한국 최초의 사회복지기관. 그 이전에는 '태화관'이라는 고급 음식점으로 운영되었다. 1919년 3월 1일 민족대표 33인이 이곳에서 독립선언문을 낭독한 바 있다.

습니다. 지대(토지 임차료)와 지대는 그냥 맞바꿨습니다. 관청이 소유한 재산의 처분 규정이 복잡했기 때문입니다.

특　홍아보국단의 결성위원으로 상임위원이었던 사실이 있는가?

박　그렇습니다.

특　임전보국단에 20만 원을 기부한 일이 있는가?

박　임전보국단은 홍아보국단의 후신으로 20만 원을 내긴 했는데, 민규식(1888~?)[*]과 김연수(1896~1979)[**]와 3인이 3등분해서 냈습니다.

특　이들 단체의 취지와 강령은 충분히 알았는가?

박　취지와 강령은 잘 알았으나 대체로 이런 일은 그 단체나 관청에서 일방적으로 지령하던 것이 사실이고, 제가 주동한 단체는 하나도 없습니다.

특　반공대회에 10만 원을 기부한 사실이 있는가?

박　없습니다.

특　요청을 받은 일도 없는가?

[*] 기업가, 친일반민족행위자. 일제강점기 조선 최대의 갑부 중 하나로 손꼽힌 민영휘의 아들로 한일은행, 조선견직주식회사 등의 이사와 사장을 맡았다. 친일단체 활동과 고액의 국방헌금을 바친 공로를 인정받아 중추원 참의에 올랐다. 해방 후 조선은행(현 한국은행)의 총재를 맡았다.

[**] 기업가, 친일반민족행위자. 삼양사(현 삼양그룹)의 창업주로 경성방직과 고려대학교의 설립자인 인촌 김성수의 동생으로도 유명하다. 박흥식과 마찬가지로 1949년 1월 반민특위에 체포되지만 병보석으로 풀려난 후 무죄를 선고받았다.

태화여자관

박   그런 일도 없습니다.

공술자가 열람 후 틀림이 없음을 확인하고 서명날인함.

공술자 박흥식   1949년 1월 25일
                                                반민족행위 특별조사위원회
                                                조사관 이덕근
                                                서기관 박희상

박흥식의 9가지 친일 혐의

1949년 1월 8일 반민특위에 체포되어 특별조사위의 피의자 신문을 받은 박흥식은 2월 7일 특별검찰부로 송치된다. 이제 특별조사위의 입장을 정리한 반민특위 의견서를 살펴본 후 특별검찰부에서 진행한 박흥식의 피의자 및 증인 신문을 따라가 보기로 하자.

반민특위 의견서

1949년 2월 ○일
반민족행위 특별조사위원회
죄명: 반민족행위처벌법 위반
피의자: 박흥식

위 사람은 반민족행위처벌법 제4조 7항과 10항, 11항에 해당한 죄상이 현저하다고 인정됨. 피의자의 반민족행위는 다음과 같다.

1. 군수회사 조선비행기공업 주식회사를 책임 경영한 사실이 분명함.
2. 조선비행기회사가 비행기 제작을 완성하지 못했다고 해도 비행기 제작이 가능한 상태에 있었던 것을 인정할 수 있음.
3. 그뿐만 아니라 조선비행기회사 노동자가 만주비행기회사에 협력하여 만주에서 비행기 제작을 완성했음.

반민특위에 체포, 압송되는 친일반민족행위자들.
이를 보도한 《주간서울》은 반민특위 재판을 2차세계대전의 전범들을
단죄한 뉘른베르크 재판에 비유했다. 조선비행기회사를 경영한
박흥식 또한 뉘른베르크에서라면 전범 행위로 처벌되었을 것이다.

4. 조선비행기회사는 기계 정비 분야에서 조선군 병기부를 대행했으며 국내 산업인의 기계와 물자를 다수 징발했음.

5. 피의자 박흥식이 상하이에 가서 일본군으로부터 기계를 수입하기 위해 당시 시가로 20억 달러에 해당하는 국내 물자를 수출한

것은 국내 산업경제와 국민 생활에 큰 희생을 가져왔음.

　6. 노동자에게 일본 정신을 강요하고 군대적 훈련을 강행했음.

　7. 피의자는 국민총력조선연맹을 비롯하여 대화동맹, 임전보국단 간부로 활약했음.

　8. 징병제를 찬양하고, 조선인의 학병 지원을 종용했음.

　9. 일본인에 아부함이 심하여 총독을 자애로운 부모로 칭했음.

　이상 사실로 비추어 피의자 박흥식이 반민족행위처벌법 제4조 7항, 10항, 11항에 해당함이 인정됨. 피의자가 각 범죄사실에서 범죄 의도가 있었거나 또는 범죄사실을 인식하지 못한 것은 고사하고 오직 피의자의 반민족 범죄가 민족에 미친 영향과 일본 전쟁 완수에 공헌한 이적행위, 그리고 피의자에 대한 국민의 증오를 감안할 때 피의자의 죄는 마땅히 법에 따라 형벌이 고려될 것임. 다만 이는 국민의 반응과 민족정기를 선양하려는 반민법의 의의와 성격을 기준으로 판단해야 될 것임을 강조하며, 이 위원회의 명의로 의견서를 첨부함.

1949년 2월 ○일
반민족행위 특별조사위원회
반민족행위 특별재판부, 특별검찰부 귀하

《연합신문》에서 주최한 반민특위 좌담회

일시: 1949년 2월 2일
패널: 김상돈(반민특위 부위원장), **노일환**(특별검찰부 차장), **정홍거**(특별재판부 재판관)

연합국의 승리로 말미암아 우리는 해방되어 건국을 위해 온갖 노력을 기울여 왔다. 그러나 일제에 아부해 나라를 팔고 민족의 영예를 더럽힌 친일 앞잡이들의 무리는 스스로 죄과를 뉘우침이 없이 사리사욕에만 급급해 건국경제의 혼란과 사회 혼란을 조장해왔다. 이미 반민법이 실시된 오늘날에도 일부 도당들은 민족정기를 바로잡고 5000년의 유구한 역사의 오점을 씻으려는 반민법의 실시를 거부 내지는 번복하려는 음모까지 계획함으로써 최후의 발악을 다하고 있다.

그러나 애국 인민의 뜻을 모아 제정된 반민법은 확고한 기반 위에서 실시되고 있으며, 계속되는 반민족행위자의 체포는 민중의 이목을 집중시키고 있다.

여기에 본사에서는 반민법 실시에 관한 똑바른 이해를 일반에게 알리고자 당면 문제를 중심으로 관계 담당자 여러분과 좌담회를 개최했다.

연합(연합신문)　　바쁘신데도 불구하고 귀중한 시간을 내주셔서 대단히 감사합니다. 민족정기를 살리기 위한 반민법의 실시는 초기에 큰 성과를 거두었고, 일반의 관심도 나날이 깊어가고 있습니다. 오늘 저녁에는 여러분들을 모시고 반민법에 있어서 민중이 알고자 하는 점이라든지 또는 알리지 않으면 안 될 점 등 구체적인 내용에 대해서 말씀을 듣고자 하며, 우리 신문을 통해서 일반에게 널리 알리고자 합니다.

먼저 반민법 실시의 목적이라고 할까 주안점이라고 할까, 이를 알기 쉽게 설명해주셨으면 합니다. (⋯) 먼저 김 부위원장께⋯.

김(김상돈) 간단히 말씀드릴 것 같으면 처벌에 있어서는 중점주의(가장 중요한 대목에 노력을 집중하는 태도)로 하고 사소한 문제가 있는 자에 대해서는 어떠한 용서점을 두어서 장차 민족의 운명을 그르치지 않도록 하는 것입니다. 즉 민족정기를 세우는 점이 목표라고 볼 수 있습니다. 그러기에 소소한 관계자는 차라리 관용해서 신생 국가에 이바지하도록 해야지 반민법에 규정되어 있다고 해서 함부로 광범위하게 처단만 해서는 안 되겠습니다.

연합 특별검찰부 활동에 대해서는 노일환 의원께⋯.

노(노일환) 일반 사법 조례에서는 검찰부가 적발하고 기소하게 되어 있습니다만, 반민법에서는 적발 권한을 가진 별도의 특별조사위원이 존재합니다. 이들에 의해서 큰 조사가 끝난 후, 검찰부로 인계하면 20일 이내에 재판부로 넘기게 되어 있습니다.

연합 범인이 특별재판부에 넘어가서는?

정(정홍거) 우리에게 넘어오면 법적으로 범죄의 구성 여부를 법문에 의해서 재판하게 되는 것입니다.

연합 반민법 제1·2조에 해당된 당연범*의 처단은?

당연범과 선택범은 반민법에서 적용한 반민족행위의 분류법이다. 이에 따르면 당연범은 혐의자의 구체적 행위와 무관하게 일제강점기에 가졌던 직책만으로 범죄(반민족행위)가 성립되며, 선택범은 혐의자의 행위에 따라 범죄 성립 여부가 결정되었다.

김 근본 골자를 보면 당연범 가운데 1조, 즉 한일합병 당시 조인한 자에 대해서는 원칙적으로 사형 혹은 무기징역에 처하도록 되어 있고, 또 그 재산은 전부 혹은 절반 이상 몰수한다고 규정되어 있습니다. 이 조항에 해당되는 자나 일본 정부로부터 작위를 받은 자는 거의 없다고 해도 과언이 아닐 겁니다. 그러나 당연범 중 2조에 해당하는 경우는 상당수 있다고 봅니다.

연합 재산 몰수의 한계는?

정 그것은 헌법 공포일로부터의 재산이 기준입니다. 다시 말해 친일행위로 얻은 재산의 양도는 인정되지 않습니다.

연합 이미 써버린 재산은?

노 추징해 받을 수 있다고 봅니다.

정　부동산 같으면 추징할 수 있겠지만 동산 같은 것은 어려운 점이 있습니다. 몰수한다 하더라도 실정으로는 해당자의 최저 생활비를 고려해야 하니까요.

김　현금을 소모한 것은 추징이 불가능하겠지요. 그러나 부동산은 열 다리 아니라 백 다리를 넘었어도 알 수 있고, 현금으로 가지고 있어도 고의로 소모해 버린 경우에는 형을 무겁게 하는 식으로 다른 방법이 있을 겁니다.

노　생활비 문제는 엄격히 말하면 살아나갈 수 있는 정도만을 용인하는 것이지, 생활비란 이름으로 사치나 은닉할 여유까지 용인하는 것은 아닌 줄로 압니다.

연합　몇 다리씩 넘어간 재산을 몰수함으로써 제3자가 피해를 본다면?

노　일례로 만주나 중국 등지에서 있던 사람이라면 알 수 없다 하겠지만, 그네들의 재산을 사는 사람이라면 악질적으로 양도한 것인지 아닌지 다 알 수 있습니다. 고등계 형사라든지, 일제에 아부해서 모은 재산이라면 몇 다리를 넘어갔다고 해도 마찬가지입니다. 따라서 이런 재산을 산 사람은 마땅히 피해를 감수해야 할 것입니다.

연합　가령 박흥식이 일본인으로부터 받은 돈을 흥한재단 같은 타인의 명의로 유지하고 있다면?

정 흥한재단은 이사회로 구성되어 있고 박홍식이 이사장입니다.

연합 반민법 제4조에 '악질적'이라는 표현이 많습니다. 이 말의 의미는?

김 조병상(1891~1978)*을 예로 들면, 일본 놈이 목을 매어 끌어서 할 수 없이 경방단장**을 한 사람도 있겠지만, 이 자는 자진해서 나갔을 뿐만 아니라 다른 사람들까지 목을 끌어당긴 경방단장이란 말이에요. 이러한 것은 당연히 악질이라고 봐야 합니다. 반면에 일제의 관공리가 허다하겠지만 먹고살기 위해서 사무만을 본 사람은 악질이라고 볼 수 없을 겁니다.

노 경방단장을 하고 싶어도 못한 사람의 실례가 있습니다. 경찰의 감시를 받던 아는 사람 하나가 시달림에서 벗어나기 위해 경방단장을 지원했지만 아무리 해도 시켜주지 않았어요. 그런데 가만히 보니까 면 경방단장은 그 관할 주재소 수석과 통하고, 군 경방단장은 경찰서장과 완전히 통하고 있었습니다. 이것은 가장 악질적으로 민중을 억압하기 위해 자신

●━━━━━━━

광복 때까지 조선총독부 중추원 참의를 지낸 친일파. 경성 종로구 경방단 단장으로, 국민동원총진회 등 친일단체 활동에 적극적이었다. 반민특위에서 징역 1년 6개월 형을 받았다. 이후 한국전쟁 때 납북된 것으로 추정된다.

●●━━━━━━

경방단警防團: 중일전쟁 이후 전시체제에 들어간 일제가 유사시 치안 유지를 위해 도·부·읍·면 등 각 지역 단위별로 설립한 조직. 실제로는 조선인의 동향을 감시하고, 부일협력을 꾀하는 조직으로 운용되었다.

1945년경 일본인들로 구성된 경방단의 모습.
검은색 깃이 달린 제복을 입은 사람들이 경방단원이다.

들과 비밀을 통할 수 있는 인물을 골라 그 자리에 앉힌 것입니다.

연합 항간에서는 국회의원 중 해당자가 있다는 말이 있는데…

김 반민법을 묵살시키고 유야무야, 즉 기형화하려고 할 뿐만 아니라 국회의원 중에도 해당자가 있다느니 하고 (…) 그것은 노일환 의원이 당하고 계신 일이지만 (…) 우리는 반민법을 만든 사람들을 모략하고 협박해서 반민법을 유명무실하게 만들려는 계획에 모모가 참모총장격이 되어 보이지 않는 흐름을 만들고 있다는 것을 발견했습니다. 이들은 속속 체포되고 있고, 그 무리에는 일제 경찰도 끼어 있었습니다.

연합 반민법 제4조에는 사상·문화 방면에 종사한 자에 대한 규정이 있습니다. 이광수(1892~1950) *와 최남선(1890~1957) ** 같은 이들은 반민법이 실시된 오늘날에도 자기들의 작품을 당당히 발매하고 있는데 (…) 또 공민권의 박탈이라는 말 속에는 저작권도 해당되는지?

● ————————
한국 최초의 근대소설로 평가받는 《무정》을 쓴 소설가이자 《독립신문》 《동아일보》 《조선일보》에서 활동한 언론인이다. 당대의 지식인으로 민족계몽운동에 나섰지만 1920년대 이후 친일로 돌아서게 된다. 1949년 2월 반민특위에 체포되었다가 병보석으로 출소했다. 한국전쟁 기간에 납북되었다.

●● ————————
〈해에게서 소년에게〉로 잘 알려진 일제강점기의 시인이자 지식인. 1919년 3·1운동을 촉발한 기미독립선언서의 초안을 마련하는 등 독립운동에 참여했지만 1920년대 후반부터 학병을 권유하는 등 친일파로 변절했다.

노　그들은 아직 처벌을 받지 않았으니까 그런 저술을 자꾸 하고 있지만 일제에 민족과 나라를 팔아가면서 문화에 중대한 영향을 준 나쁜 무리에게는 저작권이 용인되어서는 안 될 것입니다. 그들이 처단받을 때에는 상당한 조치가 있을 겁니다. 그리고 이광수의 《나의 고백》이란 책이 잘 팔린다는데 반민족행위자로 낙인이 찍혀 있으니까 잘 팔리는 것이지 그 책이 좋아서 잘 팔리는 건 아니라고 봅니다.(웃음)

연합　그러나 반민법에는 저작권에 대한 규정이 없습니다.

김　법문에 없다고 해서 못할 것이 아니라 법의 정신으로 본다면 넉넉히 저작권을 박탈할 수 있을 줄로 생각됩니다. 그리고 반민족행위를 한 자를 문화계에서만 특히 여유를 주어서 역시 지도자라고 부를 도리가 있겠습니까? 포섭해서 이용하는 게 어떠냐는 의견도 있습니다마는 도무지 이용가치는 없다고 보아요. 차라리 시간이 걸리더라도 변변치 못하나마 새로운 인물이라고 할까, 그러한 문화인을 기다리는 것이 민족정기를 세우는 길이라고 봅니다.

노　일제의 침략전 성공을 위해 민족정기를 저버린 그들을 신생 문화부대에 포섭하라고 하는 것은 크게 잘못된 주장입니다. 만일 이 반역배들을 포섭해서 그들에게 정치적 공간을 허용한다면 2세 국민에게 새롭고 큰 문제를 야기할 것입니다.

연합 반민법 제3조에 규정된 공직 추방자는 얼마나?

김 숫자로 나온 것은 없지요. 앞서 우리 위원회에서는 정부에 해당자를 조사·보고해달라고 요청했습니다만, 처리가 지연되어 정확한 숫자는 모르겠습니다. 도대체 이러한 문제에서 자진해서 물러나지 않고 외부에서 통첩을 내게 하는 것은 좋지 않습니다. 왜 그러냐 하면 자기 나라를 위해서 싸운 일본에서도 공직 추방자를 30만 명이나 내지 않았습니까? 하물며 우리나라 국민이 "너 나가거라. 명령이다"라고 할 때까지 기다리면서 자리를 보존하려는 것은 단호히 처단해야 합니다. 그러나 나는 당연히 스스로 물러나는 분이 있을 줄로 믿습니다.

연합 이 문제에 있어서 경찰이나 군부는?

노 물을 필요가 없습니다. 마찬가지로 해당자는 규정에 따라 처리될 겁니다.

김 군부나 경찰도 대한민국의 일부올시다. 그렇게 구별을 지으면 반민법안은 성립될 수 없는 겁니다. 마찬가지로 군이라고 뺄 방법은 없습니다.

연합 역시 제3조에 공직 추방에서 제외하기로 규정된 '기술자'에 대한 해석이 저마다 다른 것 같은데.

노　내가 듣기에는 경찰도 기술자라고 하는데 일제하에서 그저 때리고, 고문하고 그러던 것이 '경찰 기술'일까요?

연합　가령 친일을 했던 사람이 해방 후에 최고기술자가 되었든지 한 경우에는….

김　법안에 치중한다면 법대로 할 것이지만, 만약 기술을 가진 인물이 얻기 어려운 사람이라면 형세를 보아 해석하게 됩니다. 과거의 죄상은 소멸될 수 없지만, 국가적으로 그 사람의 앞길을 개척해갈 방법은 있다고 봅니다. 다시 말하면 감옥에서 징역을 살리지 않는 대신에 그가 가진 기술을 국가가 활용하되, 공민권을 부여할 것 없이 그의 기술만 징용하는 식이지요.(웃음) 국가적으로 기술이 필요한 부문에 그가 가진 재능을 발휘시키는 데 의의가 있다고 생각합니다. 국가적으로 필요한 기술도 허다하거니와 가령 경찰 직군에서 검토해 보더라도 해당 인물의 경험·기술만을 징용해 쓰되 (…) 여하간 이러한 경우에 해당 인물의 솜씨를 징용해 쓰는 것 말고는 그 기술을 인정할 도리가 없다고 생각합니다.

노　저는 경찰은 그럴 필요가 없다고 봅니다. 일제 관헌의 기술이라는 게 민주주의적인 수사나 취조에 필요한 기술을 배운 것이 아니올시다. 고문치사까지 해가면서 강제로 범죄를 구성시키는 게 그 기술의 골자입니다. 이러한 부류들이 해방 후 경찰의 상층부를 차지했기 때문에 무고한 인민을 못살게 구는 경향이 많았습니다. 그럼 이걸 시정할 만한 열혈남아가 대한민국에 없느냐 하면, 적지 않습니다. 사실 군정 3년 동안에 좋은 인재가 있음에도 불구하고 특히 일제 잔재의 기술을 빌려다 썼는데, 그럴 필요는 조금도 없었다고 봅니다.

김 우리는 경험이 없습니다만 경찰에서 못 잡던 수도청 고문치사 사건*의 주범을 28일에 체포했습니다. 이것으로 미루어 보면 중요한 것은 경험이 아니올시다. 책임자가 모든 일에 통해 있어야 하고 청렴결백하여 요지부동한 용기가 필요하다고 봅니다. 지금이라도 경험을 얻는 것은 어려운 일이 아니며, 아직 경험은 없다 하더라도 넉넉히 자신 있게 일해 나가면 된다고 말하고 싶습니다.

● ────────────
1948년 1월에 수도경찰청장 장택상을 저격한 혐의로 붙잡힌 용의자가 노덕술을 비롯한 경찰의 고문 수사 끝에 사망했다. 이후 경찰은 시신을 유기하고 용의자가 도주했다며 사건을 은폐했지만 당시 경무국장(경찰청장) 조병옥의 의지로 진상이 드러나게 된다.

특별검찰부의
박흥식 조사

1949년 2월

조선 제일 재벌의 민낯

1949년 2월 7일, 반민특위 특별검찰부는 특별조사위의 조사 보고서와 박흥식의 신병을 넘겨받은 뒤 곧바로 피의자 신문에 들어간다. 특별검찰부의 피의자 신문은 2월 8일부터 10차에 걸쳐 진행되었으며, 마지막 신문은 2월 28일에 끝났다. 특별검찰부는 특별조사위에서의 진술을 재확인하는 한편 박흥식의 친일 행적과 정황을 구체적으로 파고드는 데 주력했다. 신문이 길었던 만큼 박흥식의 구속 기간 역시 세 번에 걸쳐 연장되었다.

특별검찰부 조사에서는 박흥식과 주요 증인들 간의 공방도 함께 다루어졌는데, 이를 통해 박흥식의 반민족행위 여부가 한층 명백하게 드러나게 된다. 지금부터 그 기록들을 살펴보자.

나는 조선 제일의 신용가올시다

2차 피의자 신문

1949년 2월 14일
서울형무소
피의자 박흥식

위 사람의 반민법 위반 피의사건에 관해 1949년 2월 14일 서울형무소에서 검찰관 노일환, 서기관 기중구가 자리하고 전회에 이어 신문함이 다음과 같다.

검(특별검찰부)　피의자는 박흥식인가?

박(박흥식)　네, 박흥식이올시다.

검　피의자가 전회에 진술한 바는 틀림없는가?

박　틀림없습니다.

검　생활 정도는 어떠한가?

박　중류 이상의 생활이라고 할 수 있습니다.

검　교육 정도는 어떠한가?

박　14세 때에 소학교를 졸업한 후에는 교육을 받지 못했습니다.

검　재산 정도는 어떠한가?

박　동산과 부동산을 합쳐 약 2000~3000만 원가량을 가지고 있습니다.

검 일제강점기의 유력자들 가운데 피의자와 가장 가까운 사람은 누구인가?

박 김연수, 민규식, 한상룡, 박영철, 박중양, 방의석, 현준호, 이규재, 이기연, 장택상 등이었습니다.

검 피의자가 숭배하는 사람은 누구인가?

박 정치인으로는 우가키 가즈시게宇垣一成(1868~1956)˙를 숭배하고, 실업가로는 쓰다 신고津田信吾(1881~1948, 가네보화장품 사장)와 가토 게이자부로加藤敬三郎(1873~?, 조선은행 총재)올시다.

검 피의자가 처음 상경한 때는 언제인가?

박 1926년도에 경성에 왔습니다.

검 경성에 와서 무엇을 했는가?

박 선일지물이라는 지물상을 주식회사로 창립·경영하고 사장으로 있었습니다.

검 자본금은 얼마나 되었는가?

박 25만 원짜리 회사에 제가 6만 2500원을 납입(출자)했습니다.

검 납입금의 출처는 어디인가?

박 식산은행에 토지를 담보로 5만 원을 빌렸고, 그 당시에 소지하고 있던

제6대 조선총독(1931~1936). 육군대장 출신의 정치인. 조선에 대한 일본의 정책이 1920년대 문화통치에서 1930년대 민족말살통치로 넘어가는 과도기에 총독으로 부임했다. 관료제를 개편하고 농업진흥, 공업화 정책을 시행하는 등 비교적 온건한 태도를 취한 인물로, 이른바 식민지 근대화론의 사례로 제시되기도 한다. 퇴임 후 일본 내각외무대신으로 임명되었다.

우가키 가즈시게. 박흥식에게 일본인 유력자들과의 인맥은 영업의 발판이었다. 특히 우가키를 시작으로 쌓기 시작한 조선총독들과의 친분은 전쟁 말기에도 막대한 돈을 벌어들일 수 있는 든든한 뒷배가 되었다.

2만 원의 일부를 보태어 납입했습니다.

검　피의자가 특별조사위에서 진술한 바에 따르면 생계가 궁색했다고 했고, 세상의 평가도 그러한데, 어땠는가?

박　그렇지 않습니다. 여러 대에 걸쳐 내려온 유산이 있었고, 문서로 증명도 할 수 있습니다.

검　융자 관계는 어떠한가?

박　식산은행과 한성은행에서 융자를 많이 받았습니다.

검　융자액은 어느 정도였는가?

박　기만 원부터 최고 100만 원까지 융자를 받았습니다.

검 최고 100만 원 융자를 받을 때 선일지물상의 가치는 어느 정도였는가?

박 약 50만 원 정도였습니다.

검 50만 원짜리 가치를 가진 회사에 100만 원을 대출해준 예가 당시 타인에게도 있었는가?

박 별로 없었고, 조선인으로서는 최고 우대를 받았습니다.

검 은행 거래에 있어서 그같이 피의자를 특별히 애호하고 원조해준 자는 누구였는가?

박 식산은행 행장 아리가 미츠토요有賀光豊와 야마구치山口 이사, 역대 과장들, 그리고 한성은행 츠츠미 에이이치堤永市 전무 등의 일본인들이었습니다.

검 융자 건을 제외하고라도 지물상 업계에서는 피의자가 대표적 거상이었는가?

박 조선인으로서는 대표적 존재였습니다.

검 피의자가 대표적 상인이 된 것은 오직 은행계 일본인들의 원조 덕분인가?

박 아리가 미츠토요를 위시한 은행계 일본인 등과의 밀접한 친교와 그들의 특별한 원조에도 힘입었습니다. 한편으로는 지물을 거래할 때 일본 도쿄 제2의 거상으로 꼽히는 노자와野澤의 많은 도움과 애호를 받았습니다.

검　노자와의 원조와 애호는 어느 정도였는가?

박　상당한 대량 주문을 신용으로 받아주었으며, 저를 전적으로 신뢰하고 거래해준 덕분에 대단히 큰 도움이 되었습니다.

검　노자와가 피의자를 그같이 애호한 이유는 무엇인가?

박　제가 거래에서 전력을 다해 신용을 지켜서 신임을 얻은 점, 그리고 조선 은행계에서도 신용과 우대를 받았기 때문이라고 생각합니다.

검　그 외에 당시 총독부 계통에서 친교를 가진 자는 누구인가?

박　경찰계와는 다소 친분이 있었으나 총독부와는 아무런 교분이 없었습니다.

검　은행계와 그같이 교제가 있었으니 당연히 총독부 측과도 밀접한 관계를 가졌을 것이 아닌가?

박　그렇지 않습니다. 최근 정세와 달리 그 당시에는 은행계의 중역 거두들이 총독부 고관들을 마음대로 지배하다시피 했기에 따로 관변 측과 교제할 필요가 없었습니다. 그리고 저는 당시 서른 살 미만의 어린 청년이었으므로 그들과 교분을 쌓으려고도 하지 않았습니다.

검　경찰계의 인물은 누구인가?

박　당시 경기도 경찰부장이던 가미우치 히코사쿠上內彦策와 종로서장 기무라木村와 가깝게 지냈습니다. 가미우치는 선일지물의 일을 보게 한 이기연이 소개로 만났습니다. 이기연은 저와 동향인데, 평양 전매국*에서 가미우치와 같이 있었던 인연으로 소개를 받았습니다.

담배·인삼 등 국가가 판매를 독점(전매)하는 상품을 관리하는 기관

검 진술한 바와 같이 은행계에서 조선인 가운데 최고 우대를 받을 만큼 친밀히 지내게 된 경위는 무엇인가?

박 한마디로 말하면 저의 신용과 노력의 결과이었습니다. 예를 들면 제가 박재상이라고 하는 사람을 식산은행장 아리가에게 소개한 사실이 있습니다. 그 후 박재상이 모 자산가 명의의 도장을 위조해 사기를 친 일이 벌어졌습니다. 아리가가 제게 이 문제를 어떻게 생각하느냐고 묻기에, 저는 즉석에서 박재상을 소개한 책임이 있으니 그에 대한 변상을 하겠다고 답했습니다. 그러자 아리가가 크게 칭찬하면서 조선 청년으로서는 장차 희망이 크다고까지 한 사실이 있습니다.

검 그러면 그에 대한 변상을 했는가?

박 예, 1만2000원을 변상했습니다.

검 그 전에 다른 공작은 없었는가?

박 별다른 공작은 없었으나 연말연시나 명절, 또 기회가 닿는 대로 물질적 제공을 상당히 했습니다. 일본인들이 응하지 않아서 한이지, 응하기만 하면 연회를 열고 교제도 했습니다.

검　그러면 그와 같이 교제가 피의자
가 운영하는 상업에 유리했는가?

박　유리한 점이 없다고는 할 수 없습
니다. 그러나 모든 것은 그들에 대한 저
의 신용과 노력에 있었습니다. 조선 사
람들은 신용이 없거나 좋지 못하다는
게 일인들의 평이었는데, 저는 노력을

●────────────
1930년대 조선총독부가
면과 양모를 수탈하기 위
해 한반도 남쪽에서는 목화
(면)를 재배하고, 북쪽에서
는 양을 기르도록 강요한
정책. 조선을 병참기지로
이용하려는 전략의 일환이
었다.

다해 그들의 기대에 부응했고, 신용을 얻을 수 있었습니다. 그 당시
에 총독인 우가키 가즈시게가 친필로 '이신위본以信爲本(믿음을 근본
으로 삼는다)'이라고 써서 저에게 준 일이 있습니다. 저의 뜻과 같은
글이었기에 사장실에 걸어놓고 상업의 신조로 지켜왔습니다. 누군
가 저에게 성공의 비결을 물을 때마다 '이신위본'이 비결이라고 말
했습니다.

검　우가키 총독은 언제부터 알게 되었는가?

박　우가키 총독이 남면북양南綿北羊˙ 정책을 내걸고 면양을 사육
해 양모 옷감을 만들게 했습니다. 이에 어느 업자가 첫 생산품을 총
독에게 선사했는데, 우가키는 정치적 수완이 있는 사람이라 조선에
서 짠 그 옷감으로 양복을 지어 입었습니다. 그런데 그 재봉을 제가
경영하는 화신백화점에서 맡게 되었습니다. 화신으로서는 처음 일
이며 대단한 영광이어서, 제가 감사 인사를 드리러 간 자리에서 처

음 만났습니다.

검   그 당시 경성에는 일본인이 경영하는 양복점이 많이 있었을 텐데, 우가키가 굳이 조선 사람인 피의자에게 재봉을 맡긴 이유는 무엇인가?

박   정치적 수단인지는 모르겠으나, 그 양복지는 자기가 조선 사람을 시켜서 짠 것인 만큼 재봉도 조선 사람에게 맡기는 편이 자기 선전에 이롭지 않았겠습니까.

위 조서를 진술자에게 읽어주니 틀림없다는 요지를 진술하고 본인 서명 날인함.

진술자 박흥식

1949년 2월 14일
반민족행위 특별검찰부
검찰관 노일환
서기관 기중구

화신백화점이 승승장구한 비결

3차 피의자 신문   1949년 2월 17일
반민족행위 특별검찰부
피의자 박흥식

위 사람의 반민법 위반 피의사건에 관해 1949년 2월 17일 특별검찰부에서 검찰관 노일환, 서기관 기중구가 자리하고 전회에 이어 신문함이 다음과 같다.

검 그 당시 조선인 상업인에게 신용과 신의가 없었다는 게 사실인가?

박 전부는 아니겠으나 조선 상인 대부분이 일본인들에게 신용과 신의를 잃은 것은 사실입니다. 가령 오사카에서 외상으로 거래한 조선인의 십중팔구는 이를 변제하지 않았습니다.

검 당시 피의자는 상업계의 신용과 신임 면에서 조선 사람으로는 일류에 있었는가?

박 선일지물은 기반이 잡혔으나 화신은 설립 초기였으므로 상업계에서 일류라고는 할 수 없었습니다. 다만 신용과 신임으로서는 일류급이라고 할 수 있었습니다.

검 화신은 언제 시작했는가?

서울 종로의 화신백화점(현재의 종로타워 자리).

박　화신의 전 경영자 신태화 씨와 합자해 주식을 절반씩 소유하
고, 신이 이사 겸 회장, 저와 이기연이 사장과 전무를 맡아 간부진을
구성했습니다. 창립은 1931년 9월에 했습니다.

검　자본금은 얼마나 되었는가?

박　100만 원 회사에 25만 원을 납입했습니다.

검　영업은 해방 때까지 순조로웠는가?

박　해방 때까지 상승일로였고, 절정은 1943년경이었습니다.

검　전시체제에서 생필품의 소비가 줄고, 생산도 위축되었을 터인

데 어찌 영향이 없었던 것인가?

박 백화점은 전쟁 전보다 불리한 게 없었습니다. 일본 상공성(상업·무역 및 공업을 담당한 관청)에서 생필품의 통제를 강화해 조선을 비롯한 식민지에 배급제를 실시했습니다. 그런데 물품을 나눠주는 총독부 상공과에서 백화점에는 종전의 2배 반가량 늘려서 할당했기 때문입니다.

검 그렇다면 당시 일반 중소업자는 어찌 되었는가?

박 일반 중소업자는 점점 부진했고, 심한 곳은 기업 정리까지 당하게 되었습니다.

검 백화점만 그같이 우대한 까닭은 무엇인가?

박 당시 상공 정책이 일반에게 공평하게 공정가격으로 배급하도록 하는 것이었습니다. 그래서 백화점조합을 통해 총독부 상공과에 진정을 냈습니다. 인정이나 친분에 휘둘리지 않는 백화점에게 우선 배급해달라고 말입니다.

검 그 진정이 통과했는가?

박 통과되었습니다. 그 덕분에 우선 배급을 받았습니다.

검 그 당시 백화점은 몇 개나 되었는가?

박 화신, 정우옥, 미쓰코시三越, 히라타平田, 미나카이三中井 이렇게 5개 백화점이었습니다.

검 그중 조선인이 경영한 것은 몇 군데였나?

화신백화점 내부와 화신상회 전경. 총독부의 배급권을 독과점한 덕분에 전시에도 박흥식의
점포들은 진열대가 상품으로 가득했고 매장은 인산인해였다.

박 제가 경영하는 화신 하나뿐이었습니다.

검 당시 백화점조합 초대 조합장은 누구였는가?

박 일본인 백화점들에서 저더러 맡으라고 권유한 것을 수차례 고사하다가 결국 초대 조합장으로 취임했습니다.

검 당시 상업계에 업종별 조합이 얼마나 되었는가?

박 수백 종은 되었습니다.

검 그중 조선인 조합은 몇이나 되었나?

박 방적조합의 김연수와 백화점조합의 저, 두 사람입니다. 김연수 씨는 공정하다며 평이 좋았고, 저 역시 나쁘지는 않았습니다.

검 영업이 잘 풀림에 따라 화신을 확장할 계획은 하지 않았는가?

박 현 점포 부지가 협소했으므로 건너편에 새 부지를 구입한 사실은 있습니다.

검 부지 구입에 있어서 당시에 상당한 논란이 있었다는데?

박 논란에 대해선 잘 모릅니다마는, 그 내용이 복잡합니다.

위 조서를 진술자에게 읽어주니 틀림없다고 진술하고 서명날인 하다.

진술자 박흥식

1949년 2월 17일
반민족행위 특별검찰부
검찰관 노일환
서기관 기중구

종로의 왕에서
동양척식 주식회사의 중역으로

4차 피의자 신문　　　　　　　　　　　1949년 2월 18일
반민족행위 특별검찰부
피의자 박흥식

위 사람의 반민법 위반 피의사건에 관해 1949년 2월 18일 특별검찰부에서 검찰관 노일환, 서기관 기중구가 자리해 전회에 이어 계속 신문함이 다음과 같다.

검　당시 피의자는 종로경찰서 정문 앞 국유 도로 40평과 경찰서 내 대지의 일부인 700평을 매수했는데, 해당 대지와 국유 도로를 일반 조선 민중이 매수할 수 있었는가?

박　특별한 연고가 없으면 매수하기 어려웠을 줄로 압니다.

검　당시 총독 치하 일본인 당국자들이 조선인에게 모든 것을 공평하게 했는가?

박　당시 합법적인 사무라고 하더라도 조선인에게는 용이하게 처리해주지 않았습니다. 일반 민중이 허가받기 어려운 일이라면 더욱이 상당한 이면 공작이 필요할 것입니다.

검　해당 국유지가 피의자의 영업에 어느 정도 필요했는가?

박　그곳 인근의 대지가 제 소유였습니다. 그래서 앞서 말한 국유
지와 대지는 저에게 반드시 필요했습니다.

검　당시에 경찰서 정문 위치가 바뀜으로써 여러 상공업자가 피
해를 봤는데, 어떻게 생각하는가?

박　신축 계획을 그렇게 세운 이상 부득이했겠으나, 당시 종로경
찰서의 처사는 부당하다고 생각합니다.

검　피의자는 상당한 요충지를 차지하게 된 것이 아닌가?

박　서울에서 상업지로 1등지를 제가 차지한 것이 사실입니다.

검　피의자가 동척(동양척식 주식회사)* 감사역에 취임한 것은 언제였
는가?

박　1941년에 했습니다.

검　동척 내 조선인 중역은 몇이나 되는가?

박　저 1인이었습니다. 동척은 감사역 1석을 조선인 몫의 중역 자
리로 내놓았습니다. 초대 감사역은 한상룡이었고, 그 후에는 도지
사나 참여관을 역임한 조선인들이 맡았던 자리에 제가 취임하게 된
것입니다.

검　피의자가 동척 감사역을 하게 된 동기는 무엇인가?

박　당시 총독인 미나미 지로南次郎(1874~1955)** 그리고 경기도
경찰부장과 평남도지사를 거쳐서 동척 이사로 있던 가미우치의 권
유였습니다.

검　그러면 미나미나 가미우치와는 상당한 친교가 있었는가?

박　미나미 지로는 보통의 친교였으나 가미우치와는 절친했습니다.

검　피의자는 미나미 지로가 조선에서 떠날 때 전별사를 발표한 사실이 있는가?

박　사실이 있습니다.

검　그 담화가 〈영원히 잊지 못할 자부(자애로운 부모)〉라는 제목하에 '어머니와 같이 자애가 깊은 총독을 보내게 되어 대단히 섭섭하다'는 내용이었다지?

박　다는 기억할 수 없으나 담화를 발표한 것은 사실이올시다.

검　그렇다면 미나미 총독과 상당한 친교가 없다고 보겠는가?

박　그 담화는 신문기자가 제게 요청해서 한 것으로, 실제로는 전임 우가키 총독과 같은 친분은 없었습니다.

검　피의자는 그 담화의 내용을 어떻게 생각하는가?

박　조선 사람을 미나미 총독의 자식으로 취급해서 섭섭한 의사 표시를 한 것은 지나친 일이라고 생각합니다. 그러나 당시 그렇게까지는 말한 기억이 없습니다.

●
일본제국의 국책 기업. '척식'은 '식민지 개척'을 뜻한다. 조선총독부가 대주주였으며, 1908~1945년 조선과 대만 등 식민지에 대한 수탈과 개발, 국제 무역을 담당했다.

●●
제7대 조선총독(1936~1942). 육군 대장 출신으로 총독 부임 후 창씨개명을 강요하고 조선어 사용을 금지시키는 등, 이른바 '내선일체'를 통한 민족말살정책을 추진했다. 1945년 종전 이후 전범 혐의로 기소되어 종신형을 언도받는다.

미나미 지로는 역대 조선총독
가운데서도 가장 악명 높은
민족말살정책을 고수한 인물이다.
박흥식은 그런 그에게 '잊지 못할
자애로운 부모'라는 전별사를 남겼다.

검 그러면 당시 신문사 간부나 기자에게 담화가 지나치게 나갔

다고 문책한 일이 있는가?

박 없습니다.

검 피의자는 동양척식 주식회사의 성격을 어떻게 생각하는가?

박 창립 목적은 조선인을 착취하기 위한 회사로 생각하나, 피의

자가 동사 감사역에 취임했을 때는 그렇지 않았습니다.

검 그러면 동척의 성격을 변경한 사실이 있는가?

박 없었습니다.

검 그러면 피의자도 조선 민족을 경제적으로 착취하는 기관에

투신한 것이 아닌가?

박　제가 동척 감사역에 있을 때는 농사 경영과 사업 경영, 그리고 금융업만 했으므로 착취기관이 아니라고 생각합니다.

검　그러면 당시 동척의 업무가 조선 민족을 위한 것인가?

박　일본 정부가 식민정책으로 세운 회사인 만큼 조선 민족을 위한다고는 할 수 없습니다. 그러나 제가 있을 때 조선 민족을 해하는 것은 보지 못했습니다.

검　감사역 취임 당시에 동척에 대한 여론은 어떠했나?

박　그 당시의 여론은 나쁘지 않았습니다.

　위 조서를 진술자에게 읽어주니 틀림없다고 진술하고 서명날인하다.

진술자 박흥식

1949년 2월 18일
반민족행위 특별검찰부
검찰관 노일환
서기관 기중구

조선총독들의 친구

위 사람의 반민법 위반 피의사건에 관해 1949년 2월 19일 서울형
무소에서 검찰관 노일환, 서기관 기중구가 자리하고 전회에 이어
계속 신문함이 다음과 같다.

검　피의자와 맨 처음으로 가까웠던 조선총독은 누구였나?

박　앞서 진술한 바와 같이 우가키 총독이올시다.

검　우가키 이후로 해방 때까지 역대 총독은 누구누구였나?

박　우가키 가즈시게, 미나미 지로, 고이소 구니아키小磯國昭(1880~
1950)*, 아베 노부유키阿部信行(1875~1953)**였습니다.

검　그중 피의자가 숭배한 자와 긴밀히 지낸 자는 누구인가?

박　숭배한 것은 우가키였고, 나머지 3인 중 긴밀하게 지낸 자는
고이소였습니다.

검　당시 총독부 당국은 피의자를 어느 정도로 신임했는가?

박　조선인 유력자인 한상룡과 박영철의 후계자는 저와 김연수,
두 사람이라는 것을 총독부의 각 국장과 가토(조선은행 총재), 아리가

(식산은행 행장) 등에 전해주었고, 앞서 진술한 대로 당시 총독이 저를 칭찬했으며, 대단히 신임했습니다.

검 일본인 당국자들과의 친분으로 인해 피의자는 조선인으로서 관계 당국에 얼마만큼의 활동무대를 가졌는가?

박 당시 조선인으로서는 일류급이었습니다.

검 그와 같이 일류급이 된 것은 피의자의 노력 덕분인가?

박 그렇습니다.

제8대 조선총독(1942~1944). 전임 미나미가 추진한 민족말살정책을 그대로 계승했다. 조선인 청년을 대상으로 한 지원병, 강제징용, '일본군 위안부' 정책 등이 고이소의 재임기에 본격화했다.

제9대 조선총독(1944~1945). 조선의 마지막 총독으로 부임 후 태평양전쟁이 끝날 때까지 자원 수탈과 독립운동가 탄압에 총력을 벌였다. 1945년 9월 미군이 서울에 진주하고 아베가 항복 문서에 서명함으로써 조선총독부는 35년 만에 해산하게 된다.

위 조서를 진술자에게 읽어주니 틀림없다고 진술하고 서명날인하다.

진술자 박흥식

1949년 2월 19일
반민족행위 특별검찰부
검찰관 노일환
서기관 기중구

한상룡(1880~1947)

대한제국~일제강점기의 기업인, 친일반민족행위자. 을사오적의 대표
인 이완용의 조카로 동양척식 주식회사 설립위원(1908)과 고문
(1916)을 지냈다. 1903년부터 한성은행의 경영을 맡아 거
부로 올라섰고, 이를 바탕으로 대정실업친목회, 조선국방
비행기헌납회, 임전보국단, 국민총력조선연맹 등 각종
친일단체를 주도했다. 노골적인 친일 이력과 막대한 국
방헌금을 낸 공로를 인정받아 중추원 참의(1927)와 고문
(1941), 일본 귀족원 의원(1941)을 지냈다.

박영철(1879~1939)

대한제국~일제강점기의 군인, 기업인, 정치인, 친일반민
족행위자. 일본 육군사관학교 출신으로 러일전쟁에 참여
했다. 한일병합 이후 전역해 익산군수를 시작으로 강원
도지사, 함경북도지사 등을 지냈다. 1919년 3·1운동 당
시 조선총독부 기관지인 《매일신보》에 '조선인은 독립국
가를 영위할 능력이 없으며 독립운동은 인명과 재산 피해만
키운다'는 내용의 기고문을 발표했다. 1920년대 이후 동양척식
회사 감사, 삼남은행과 조선상업은행 행장, 경성상공회의소 특별위원 등을
맡으며 금융·상공업계의 큰손으로 행세했다. 국방헌금 기탁과 모금운동 주
도, 국민정신총동원조선연맹을 비롯한 각종 친일단체의 간부를 맡은 공로로
1933년부터 죽을 때까지 중추원 참의를 지냈다. 1939년 사망하자 일본 정
부에서 훈장을 추서하고 예물을 지급했다.

천황을 알현하다

6차 피의자 신문

1949년 2월 21일
반민족행위 특별검찰부
피의자 박흥식

위 사람의 반민법 위반 피의사건에 관해 1949년 2월 21일 반민족행위 특별검찰부에서 검찰관 노일환, 서기관 기중구가 자리하고 전회에 이어 계속 신문함이 다음과 같다.

검   피의자는 서기 1939년 7월 12일 부민관에서 결성된 배영동지회排英同志會* 상담역相談役**으로 취임한 사실이 있는가?

박   기억이 없습니다.

검   그 당시에 잡지에도 발표되었는데 기억을 못할 리가 있는가?

박   이른바 지명인사라고 해서, 당국에서 저를 임명했는지는 모르겠으나 실제로 통지받은 기억은 없습니다.

1939년《경성일보》《동아일보》《매일신보》《조선일보》《조선신문》《조선일일신문》등 경성 소재 6개 신문사가 모여 만든 조직. 중일전쟁이 치러지던 당시 중국을 지원하던 영국을 배척한다는 뜻으로 조직된 단체였다.

고문이사에 해당하는 중역. 일반적으로 고문이 자문 역할에 머무르는 것과 달리 경영에 상당한 영향력을 행사한다.

검　피의자는 임전대책협력회臨戰對策協力會*에 가입한 사실이 있는가?

박　가입한 사실이 있습니다.

검　이 협력회에 협력은 하지 않았는가?

박　협력했습니다.

검　그 당시에 피의자는 황금정 사거리에서 1원짜리 채권을 민중에게 가두판매한 사실이 있었다는데, 이는 무엇인가?

박　그 당시에 협력회 임원들이 그리 배정했습니다만, 저는 바빴던 탓에 직접 판매한 사실은 없습니다.

검　피의자는 당시 그 정책을 어떻게 생각했는가?

박　좋다고 생각했습니다.

검　임전보국단**이라는 것은 무엇인가?

박　앞서 언급한 협력회가 발전해서 된 것이올시다.

검　이 단체가 결성될 때 피의자가 활동을 한 사실이 있는가?

박　있습니다. 그 당시에 저는

●────────────
1941년 중일전쟁 당시 일본 정부를 지원하기 위해 조직한 친일단체. 임전대책이란 전쟁에 임해 적절한 대책을 세운다는 뜻이다.

●●────────────
정식 명칭은 조선임전보국단. 1941년 9월에 창립한 친일단체이다. 중일전쟁(1937)이 태평양전쟁(1941)으로 확대되던 당시 일본의 전쟁 지원을 위해 기존의 여러 친일단체가 연합한 조직이다. 그 가운데서 중심 세력은 최린·김동환이 주도한 임전대책협력회와 윤치호가 주도한 흥아보국단이었다. 황도정신 선양과 사상의 통일, 전시체제의 국민생활 쇄신, 노동보국, 저축·생산·공출에 협력, 국방사상의 보급 따위를 강령으로 내세웠다.

고원훈(1881~1950)*과 함께 지부
결성을 권유하러 평양에 갔습니다.

검 결성 취지는 무엇인가?

박 전시에 애국운동과 청년 교
육을 위주로 한 것이올시다.

검 이 단체에 피의자는 물질적
으로 얼마나 협력했는가?

박 김연수와 민규식, 그리고 저
까지 3인이 균등하게 부담해 20만
원을 기부했습니다.

검 피의자는 국민총력연맹**이
사로 취임한 사실이 있는가?

박 그런 사실이 있습니다.

검 그 당시에 피의자가 발표한

● ─────────────
일제강점기의 관료, 기업인. 경상
북도 문경 출신으로 일본 메이지
대학 졸업 후 조선총독부 경무부
에서 일했다. 이후 조선체육회 이
사장(1920), 보성전문학교 교장
(1921)을 지냈으며, 중추원 참의
(1924)와 전라북도지사(1932)에 임
명되었다. 박흥식과 함께 손꼽히
는 조선인 거부였으며, 임전보국
단 부단장, 조선항공공업 주식회
사 발기인 등을 지냈다. 한국전쟁
때 납북되었다.

●● ─────────────
정식 명칭은 조선국민총력연맹.
1940년 조선총독부 주도로 만들
어진 친일단체이다. 조선총독을
총재로 주요 친일인사들 대부분이
참여한 거대 단체로, 전시 체제의
각종 행사와 운동에 빠짐없이 동
원되었다.

담화에서 황민화 운동을 위해 내선(일본인-조선인 간) 결혼을 장려함
이 좋다고 했는데, 그 이유는 무엇인가?

박 내선 차별을 없게 해달라는 간접적 표현이올시다.

검 당시 조선인들이 일본인과의 결혼을 바란다고 생각했는가?

박 조선 사람이 그런 희망을 품지 않았을 것이고, 저 역시 희망하
지 않았습니다.

검 그 당시에 피의자는 일본인과 결혼을 희망했기 때문에 그런 담화를 발표한 것이 아닌가?

박 아니올시다. 말한 바와 같이 내선 차별을 철폐하라는 간접적 표현이었습니다.

검 그와 같이 자신을 속이지 말고 양심적으로 진술하라.

박 천만의 말씀이올시다. 그때 당시 제 심경을 솔직히 말씀드린 것이올시다.

검 피의자는 1942년 12월 16일자《매일신보》에 〈배알의 광영의 감읍〉이라는 담화를 발표한 사실이 있는가?.

박 그 당시 제가 도쿄에 있었기에 《매일신보》 도쿄지국을 통해 그런 담화를 발표한 사실이 있습니다.

검 이 담화를 도쿄에서 발표하게 된 경위는 무엇인가?

박 그 무렵 전국산업경제인 대표자 간담회가 도쿄에서 열렸습니다. 저는 조선 대표로 회의에 참석한 차에 일본 천황을 만나보고 수상관저에 방문했습니다. 때마침 신문기자가 방문해 도쿄에서 발표를 했습니다.

검 그 당시에 회의에 참석한 조선 대표는 몇 명인가?

박 마쓰하라松原 조선은행 총재, 하야시林 식산은행장, 마쓰모토松本 금융조합연합회 회장, 고바야시小林 광업사 사장 등 일본인 넷과 피의자, 이렇게 5인이 참석을 했습니다.

조선임전보국단 조직도

강령

1. 황도정신 선양과 사상의 통일
2. 전시체제의 국민생활 쇄신
3. 국민 모두의 노동보국
4. 국가우선 원칙하 저축, 생산, 공출 협력

조직

고문	윤치호, 박중양 등
상무이사	김연수, 박흥식, 김동환 등
이사	현상윤, 장덕수, 장직상, 방응모 등
감사	김성수 등
평의원	김활란, 모윤숙, 황신덕, 최정희 등
단장	최린
부단장	고원훈
총무부	신흥우 등
사업부	주요한, 장면 등
전시생활부	이광수, 김동환 등

김동환

윤치호

장덕수

박흥식

김활란

김성수

방응모

최린

이광수

주요한

1941년에 결성된 조선임전보국단은 내로라하는 친일명사들의 총 결집체였다.

검 피의자가 조선인 가운데 유일하게 회의에 참석하고, 일본 천황을 면접하게 된 경위는 무엇인가?

박 그 당시에 총독이 조선인 5인을 후보자로 추천해 일본 정부에 보고했습니다. 대만과 조선 등 식민지에서는 한 사람만 참석하는 게 방침이었고, 후보자 5인 중에 제가 선발된 것이올시다.

검 피의자는 그 당시에 총독이 추천했다는 5인의 성명을 아는가.

박 압니다. 한상룡, 김연수, 민규식, 저, 다른 한 명은 기억이 나지 않습니다.

검 그 5인 중에서 피의자가 선발된 이유는 무엇인가?

박 나중에 전해들은 바로는, 총독이 추천한 5인 중 제가 가장 입지전적 인물이었다고 했습니다.

검 그러면 총독에게 피의자가 가장 신임받은 게 아닌가?

박 당시 총독은 여러 명을 추천했고, 일본 정부에서 저를 선발한 것이올시다.

검 당시 총독의 추천장 내용이 피의자를 가장 신임하는 것으로 작성되었기 때문은 아닌가?

박 총독이 저를 1순위로 신임했는지는 모르겠습니다.

검 피의자는 경영자로서 수다한 후보들 가운데 1명을 뽑아 사용할 때 제일 신임하는 인사를 고르지 않는가?

박 적재적소에 적임자를 사용합니다.

검　피의자가 일본 천황을 면접한 곳은 어디인가?

박　일본 궁전입니다.

검　일본 천황을 면접 당시 피의자의 감상은 어떠했는가?

박　대단히 영광스럽게 생각했습니다.

검　간담회의 목적은 무엇이었나?

박　오늘 배알의 영광을 꿈꾼 우리 산업경제인 일동은 각기 직역을 통해 생산을 늘림으로써 전력을 증강하겠다는 목적이올시다.

검　이 회의에 참가한 후 피의자는 어떠한 결의를 했는가?

박　필승의 신념으로 대동아전쟁 완수에 모든 힘을 바치고, 산업경제인으로서 부여받은 중책을 다하기를 명심하기로 했습니다.

검　그 당시에 피의자가 발표한 담화는 이와 같았다는데….

(검찰관이 증거를 읽어주다.)

박　틀림없습니다.

검　피의자는 1945년에 조선인을 일본 국정에 참여시킨다는 일본 천황의 대조大詔(임금의 가르침)가 나온 사실을 기억하는가.

박　그 당시 조선인 6인을 일본 귀족원 의원으로 등용할 때 대조가 있었음을 기억합니다.

검　그와 관련해 피의자가 담화를 발표한 사실이 있다는데?

박　〈대조를 받자옵고〉라는 제목으로 발표한 사실이 있습니다.

검　그 담화의 내용은 이러하다는데….

일본 천황 히로히토와 맥아더(1945)

(검찰관이 증거를 읽어주다.)

박 틀림없습니다.

검 피의자는 일본 천황의 대조를 어떻게 생각했는가?

박 조선 사람이 대동아전쟁에 협력하게 만드는 교묘한 수단으로 생각했습니다.

검 조선인과 일본인의 동등 대우를 주장하는 피의자로서는 그 사실이 좋은 것 아닌가?

박 1942년 당시에는 정세가 달라서 나라가 기울어진 때이므로 그런 수단으로 볼 수밖에 없습니다. 좀 더 일찍 5~6년 전에 그런 정책이 실시되었다면 좋았으리라고 생각합니다.

위 조서를 진술자에게 읽어주니 틀림없다고 진술하고 서명날인하다.

진술자 박흥식

1949년 2월 21일
반민족행위 특별검찰부
검찰관 노일환
서기관 기중구

특별검찰부의 박흥식 조사

조선비행기회사와 대일 로비

7차 피의자 신문

1949년 2월 23일
반민족행위 특별검찰부
피의자 박흥식

위 사람의 반민법 위반 피의사건에 관해 1949년 2월 23일 반민족
행위 특별검찰부에서 검찰관 노일환, 서기관 기중구가 자리하고 전
회에 이어 계속 신문함이 다음과 같다.

검　피의자는 1944년 7월 7일 조선총독 고이소에게 항공기 제조
사업 허가신청서를 제출한 사실이 있는가?

박　제출한 사실이 있습니다.

검　또한 항공기 제조사업의 설립취지서를 조선총독, 조선군사령
관, 일본 내각총리대신에게 진언한 사실이 있는가?

박　직접 면접하지는 않았고, 제 명의로 전달한 사실은 있습니다.

검　피의자가 비행기회사를 창설할 때, 발기인 중 주주 참가를 희
망한 조선인이 있었는가?

박　총독과 군부 당국, 제가 권유해서 가입한 사람이 있습니다.

검　그 회사의 조선인 주주는 누구인가?

박　김연수, 방규환, 박춘금, 백낙승, 장직상, 민규식, 방의석, 김정

호, 한상룡, 박중양 등이올시다.

검 당시 조선인 주주들은 친일하는 사람이었는가?

박 그렇습니다.

검 그들의 친일은 어느 정도였는가?

박 보통부터 최고 인물까지 다양했습니다.

검 그중에서 피의자는 어느 정도인가?

박 비행기공장 운영에 있어서는 제가 최고급으로 인정됩니다만 친일에서는 중간 정도 됩니다.

검 비행기회사라면 일반 회사와는 달리 일제와 일본 군부의 가장 중대한 기밀을 가진 회사가 아닌가?

박 사실이올시다.

검 그것은 일본 정부 존립을 좌우하는 중대한 기밀이 아닌가?

박 조선인의 사업 중에서는 최고 기밀을 가진 것이올시다.

검 그 정도 기밀을 다루는 회사라면 일본인들에게 의심할 바 없이 신임받는 사람이 경영을 맡지 않겠는가?

박 신임과 역량이 인정되어 제가 경영하게 된 것이올시다.

검 그 회사의 설립취지서는 몇 매나 인쇄·배부했는가?

박 수천 매를 인쇄·배부했습니다.

검 누구에게 배부했는가?

박 각 도지사와 주요 도시, 주요 은행을 통해서 일반에게 전달해 주식 모집에 썼습니다.

검　피의자는 설립취지서에서 하루빨리 비행기를 전쟁에 보내자고 강조했다는데 맞는가?

박　강조한 사실이 있습니다.

검　피의자는 이 회사를 설립하던 해 3~4월경에 일본 도쿄에 간 사실이 있는가?

박　간 사실이 있습니다.

검　설립취지서에 기록된 바와 같이 내각총리대신 도조 히데키東條英機(1884~1948)에게 비행기회사 설립의 필요성을 피력하기 위해 도쿄에 간 것이 사실인가?

박　비행기회사 창설 관계로 간 것이 사실이올시다.

검　그 당시에 동반자는 누구였는가?

박　조선군항공부 담당 장교 나카무라中村 중좌와 동반했습니다.

검　피의자가 그 일본인을 알게 된 동기는 무엇인가?

박　이하라 준지로井原潤次郎 참모장 소개로 알게 되었습니다.

검　그 당시 피의자는 총리대신 도조에게 비행기회사 창립의 취지를 피력했는가?

박　그 당시는 전쟁이 최고조에 달했을 때여서 두 차례 방문에도 총리대신을 만나지 못했습니다. 담당 비서관에게 방문한 취지를 전하고, 육군성을 찾아가 군수국장 및 항공본부장과 면담했으며, 군수성 하라다原田 소장 및 제1국장과 면담했습니다.

검　일본인들과의 면담 내용은 무엇이었나?

박　나카무라 중좌가 저를 소개하기를 "미리 양해를 얻었던 조선 비행기회사의 창립은 순조로이 진행됩니다. 조선의 제일가는 실업가요 조선비행기회사 사장으로 내정된 박흥식을 소개할 겸 금후 각별한 중앙의 원조를 받고자 상경한 것이올시다"라고 했습니다.

검　그와 같이 소개받은 후 피의자는 뭐라고 답변했는가?

박　"조선총독, 군사령관이 징병제도 실시 기념사업으로 경성 근처에 비행기회사를 창설해달라는 요청을 받았지만 저는 경험이 없어서 사양했습니다. 그러나 모처럼 총독 각하와 군사령관 각하가 말씀하는 것이기에 창설하게 되었습니다. 조선에는 물자와 기술이 부족하오니 중앙에서 이 사업을 완수하도록 원조하여 주시기를 바랍니다"라고 요청했습니다.

검　그 당시 일본 중앙정부에서는 허락을 했는가?

박　조선총독과 군사령관이 대단히 열심이고, 징병제도 실시 기념사업이며, 대동아전쟁이 매우 중대한 단계에 다다른 때이므로 중앙에서도 중요한 사업으로 알고 있다. 응분의 원조를 할 방침이 서 있으니 안심하고 창립해주기를 바란다는 격려가 있었습니다.

검　그 말에 피의자는 어떠한 답사를 했는가?

박　이 사업에 경험이 없지만 적극적으로 임하겠다고 했습니다.

검 피의자가 총독 및 군사령관과 비행기회사 창설을 논의한 사실이 있는가?

박 1943년 10월경부터 이듬해 3월경까지 수차례 권유를 받아 논의한 사실이 있습니다.

검 그 밖에 논의한 인물이 있는가?

박 총독부로서는 다나카田中 정무총감, 니시히로西廣 경무국장, 군부로서는 이타가키板垣 사령관, 이하라 참모장 등과 번갈아서 수차 회의를 하였습니다.

검 비행기회사의 조선인 중역은 몇 명이었는가?

박 저 외에 8인이올시다.

검 그 8인 이름은 어떻게 되는가?

박 이기연, 장직상, 방규환, 박춘금, 방의석, 김연수, 김정호, 민규식 등이올시다.

검 비행기회사를 설립하는 데 접대비는 얼마나 들었는가?

박 회사 설립에 접대비를 쓴 일은 없고, 명절이나 연말연시에 호의를 베푼 사실이 있습니다. 그리고 회사 창립 이후 징병제 문제로 육군성 교육총감 장교가 무수히 조선에 왔습니다. 그때 군사령관 체면을 세우기 위해 피의자에게 접대를 명령해서 선물까지 포함해 약 스무 차례에 걸쳐서 70만 원가량을 지출한 사실이 있습니다.

검 그것을 피의자는 거절한 사실이 있었는가?

박　거절한 사실은 없습니다.

문　그러면 어찌 명령이라고 볼 수가 있는가?

박　그것은 부탁이 아니었습니다. "박흥식 사장의 댁에 초대를 하게 되었으니 그리 알고 준비해주시오" 하였으니 제 입장에서는 그것이 명령이라고 생각합니다.

검　그것은 피의자에 대한 호의가 아닌가?

박　그것은 이용이지 호의가 아니올시다.

검　당시 일본인들이 의뢰할 만한 다른 조선인은 없었는가?

박　저 말고도 있었습니다.

검　피의자는 비행기회사를 설립한 후에 일본을 방문한 사실이 없는가?

박　회사 설립 직후인 1944년 10월경 도쿄에 방문했습니다.

　위 조서를 진술자에게 읽어주니 틀림없다고 진술하고 서명날인하다.

진술자 박흥식

1949년 2월 23일
특별검찰관 노일환
서기관 기중구

"찔러 죽여도 분이 풀리지 않습니다"
약탈의 증인들

박흥식의 농지 수탈

증인 이창희 신문　　　　　　　　　　　1949년 2월 21일
　　　　　　　　　　　　　　　　　　반민족행위 특별검찰부
　　　　　　　　　　　　　　　　　　증인 이창희

피의자 박흥식의 반민법 위반 사건에 관해 1949년 2월 21일 특별
검찰부에서 검찰관 노일환, 서기관 기중구가 자리하고 위 증인을
신문함이 아래와 같다.

검(특별검찰부)　　성명, 연령, 직업 및 주소는?

증(증인)　　성명은 이창희, 나이는 52세, 직업은 농업, 주소는 경기도

시흥군 안양면 일동리 426번지입니다.

검　　증인은 박흥식을 아는가?

증　　박흥식을 만난 적은 없으나 알고는 있습니다. 그가 안양면에 비행기회사를 세우는 바람에 막대한 피해를 당한 사실이 있습니다.

검　　증인은 증인 외 4명과 함께 조선비행기회사 안양공장 피해용지 보상금 청구 진정서를 반민특위에 제출한 사실이 있는가?

증　　그런 사실이 있습니다.

검　　증인이 진정서를 제출한 이유는?

증　　박흥식의 비행기공장 창설로 안양면민들이 말할 수 없는 압제를 당했습니다. 이를 엄중 처단함과 동시에 강제 수용당해 파괴된 토지의 복구비와 그간의 농산물 미수확으로 발생한 손해를 배상시키기 위한 것이올시다.

검　　피해를 당한 농가가 몇 호나 되는지 아는가?

증　　토지를 강제 수용당한 260명의 지주를 비롯해 피해를 입은 농가는 800호 가량이고, 총 피해 인구는 4000여 명에 달합니다.

검　　피해 농지의 면적은 얼마나 되는가?

증　　밭이 50정보, 논이 100정보 합계 150여 정보로 평수로는 45만여 평에 2300두락(논밭 면적의 옛 단위) 가량이올시다.

검　　박흥식에게 토지를 강제 수용당한 경위는?

증　　당시는 전쟁 때라 조선 사람 탄압이 극도에 달했고, 자기들 맘

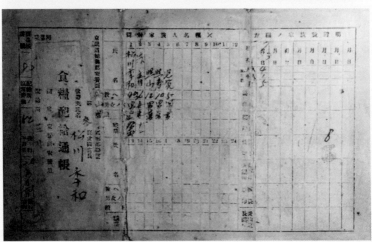

1950년 한국전쟁 당시 식량배급 풍경(위)과 1945년 안양면에 거주한 5인 가족의 식량배급표. 태평양전쟁 말기 배급이 끊기다시피 한 주민들에게 조선비행기공업의 농지 강제 수용은 재앙이었을 것이다.

대로 조선인의 재산을 강제로 빼앗곤 했습니다. 그런 무렵에 박흥식이가 비행기공장을 설립한다며 국가사업에 쓰는 것이니 군과 경찰을 동원해 강제로 수용하겠다고 큰소리를 쳤습니다. 그러면서 승인서를 가져와서는 지주들의 도장을 받아 갔습니다.

검　증인이 진술한 승인서의 내용은 매매인가 혹은 기부인가?

증　돈은 한 푼도 주지 않고 무조건 승인서에 날인을 강요했으므로, 그 내용은 알 수도 없습니다. 그리고 지주 중에서는 승인서에 날인을 하지 않은 사람도 있었습니다.

검　그러면 당시 토지 대금에 대해서도 아무런 말이 없었는가?

증　제가 직접 들은 것은 없습니다. 추후에 주겠다는 말을 간접으로 들은 일은 있었으나 해방 때까지 한 푼도 받은 일이 없습니다.

검　증인이나 또는 기타 피해자 측에서 박흥식에게 손해를 청구한 일은 없는가?

증　해방 전까지는 억울하다는 말도 못했고, 해방되던 해 10월에나 비로소 화신상회로 찾아가 배상을 요구했으나, 박흥식이 면회를 거절하므로 만나지 못했습니다. 당시 비행기회사 사무를 정리하는 정재욱에게 그 말을 전달한 사실이 있습니다.

검　당시의 경위를 더 자세하게 진술한다면?

증　1945년 10월 초순, 즉 해방되던 해 당시 안양면장 조원환이 35만 원을 가지고 와서 피해 지주들을 모았습니다. 그는 그 돈이 조선비행기공장 설립으로 피해를 입은 지주의 보상금으로 박흥식이가 보낸 것이라고 말했습니다. 그러나 그 돈은 실제 피해액에 비하면 턱없이 적은 돈이었습니다. 즉시 관련 피해자 대회를 소집해 이를 토의한 사실이 있습니다.

검 그 당시의 토의 결과는 어떠했나?

증 수천 명의 농민들이 하루아침에 근거를 잃고 노상에서 방황하며, 생명보다도 중히 여기던 토지를 3년간이나 경작하지 못했습니다. 이처럼 우리들의 손해액은 정신적으로나 물질적으로나 막대했음에도 불구하고 3년간 한마디도 없다가 그렇게 사소한 금액을 내놓은 겁니다. 35만 원이면 황무지가 된 농지의 복구는 물론 그해 경작을 하지 못하는 것에 대한 손해 보상금에도 못 미칩니다. 피해자 대회가 보기에는 비행기회사 창설자인 박흥식의 부도덕하고 무책임한 태도가 해방 전에 일제의 군경과 결탁해 농민들을 수탈할 때의 태도와 다를 게 없었습니다. 그런 폭거를 용인할 수 없었기에 즉석에서 피해조사위원회를 조직하고 공정한 입장에서 자세히 조사해 정당한 피해금액을 청구하기로 결의했습니다.

검 그 후 피해액을 조사하고 청구한 사실이 있는가?

증 그 당시 면 당국과 2주에 걸쳐서 피해보상금을 조사·결정하고 박흥식에게 직접 교섭을 누차 요청했습니다. 그가 이를 일체 거절하는 바람에 끝내 성사가 되지 못했습니다.

검 그러면 현재까지도 박흥식을 만나보지 못했는가?

증 피해자들은 아무런 힘이 없는 사람들이므로 다른 도리가 없었습니다. 오늘까지 억울함과 분함을 풀지 못하고 지내왔습니다.

검 조사·결정된 피해액은 얼마나 되는가?

증 총액이 2713만1566원 2전이올시다. 농작물 피해액이 346만 4966원 2전, 과수 피해액이 22만6500원, 분묘 이장비가 10만2000원, 복구공사비가 2333만8100원입니다.

검 박흥식의 비행기회사 설립으로 민중이 받은 피해는 어느 정도였는가?

증 정신적, 물질적으로 받은 피해는 일일이 다 표시할 수가 없습니다. 그 당시 수만 명이 불안과 공포에 질려 살았습니다. 지옥 생활이나 다름없습니다. 토지를 가진 사람은 토지를 빼앗기고, 소를 가진 사람은 소를 빼앗기고, 집을 가진 사람은 집을 빼앗기고, 아무것도 가지지 못한 수많은 노동자들도 노동력을 매일같이 징용당했으니 그 비참함은 뭐라고 말할 수 없는 정도입니다. 그 당시 안양 천지는 박흥식에 대한 원성으로 가득 차 있었습니다. 심지어 우마차를 부리는 마차꾼까지도 우마조합을 강제로 조직하게 해서 사룟값도 안 되는 임금으로 부렸습니다. 주민이 사는 집조차 비행기공장에서 필요하니 내놓으라고 하면 당장에 철거하는 형편이었으니, 어느 때 어디로 쫓겨 갈지 모르는 신세였습니다.

검 그 외에 무슨 할 말은 없었는가?

증 있습니다. 박흥식이 비행기공장을 만든다고 우리 조선 민중에게 준 피해는 말로는 다 이야기할 수 없을 뿐만 아니라 억울하게 당한 그 울분은 기가 막힙니다. 해방이 되어 3000만 민중은 기뻐서 뛰고 왜놈의 망하는 것을 시원하게 여길 무렵에, 왜놈의 충복이 되어 우리 민족을 짓밟던 박흥식은 군부를 찾아가서 돈을 수천만 원씩 받았다는 말을 들었습니다. 그래놓고선 당시 면장을 이용해 겨우 기십만 원으로 우리 피해를 상쇄하려고 드는 잔인무도한 박흥식을 우리나라 대한민국이 독립되어 이같이 처벌을 하게 되었습니다. 실로 국민의 한 사람으로 감격하며 엄중히 처단해 민족의 울분을 풀어주시기를 바라나이다.

　위 조서를 진술자에게 읽어주니 틀림없다고 진술하고 서명날인하다.

진술자 이창희

1949년 2월 21일
반민족행위 특별검찰부
검찰관 노일환
서기관 기중구

일자리를 빼앗겼습니다

피의자 박흥식의 반민법 위반 사건에 관해 1949년 2월 24일 시흥군 안양면사무소에서 검찰관 노일환, 서기관 기중구가 자리하고 위 증인을 신문함이 아래와 같다.

검   성명, 연령, 직업, 주소는 무엇인가?

증   성명은 박원성, 나이는 51세, 직업은 면서기, 주소는 시흥군 안양면 안양리 964입니다.

검   증인은 박흥식을 아는가?

증   직접 본 적은 없으나 알고는 있습니다. 제가 동양방직회사 인사계에서 일할 당시 박흥식이 비행기공장 확장 명목으로 동양방직을 접수했습니다. 동양방직은 해방 직전인 8월 13일에 해산을 당했고, 종업원 70여 명이 하루아침에 직장을 잃었습니다.

검   당시 동양방직회사 종업원은 몇 명인가?

증   일본인이 20명이고, 조선인이 70명 가량이었습니다.

검   그러면 동양방직이 해산될 때 비행기회사로 이직을 알선한

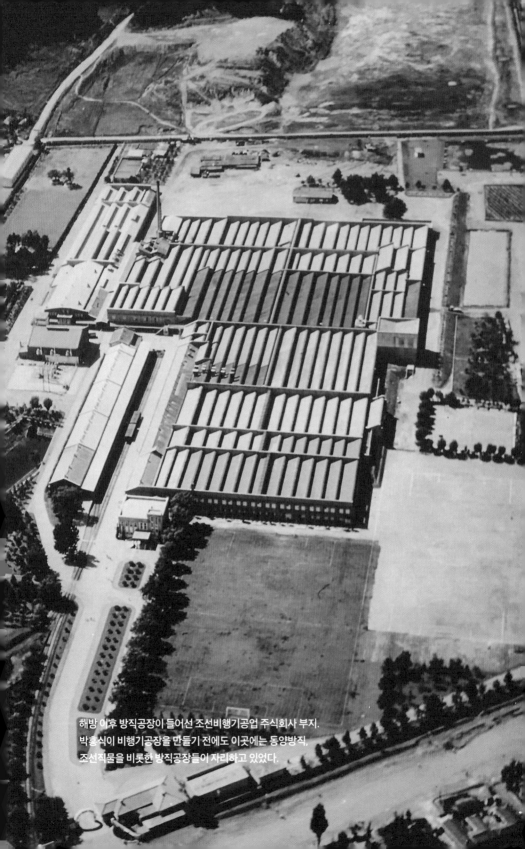

해방 이후 방직공장이 들어선 조선비행기공업 주식회사 부지.
박홍식이 비행기공장을 만들기 전에도 이곳에는 동양방직,
조선직물을 비롯한 방직공장들이 자리하고 있었다.

사실은 없었는가?

증   당시 일본인 직원들은 모두 비행기회사로 전직했지만 조선인에게는 아무런 조치도 없었습니다. 그래서 비행기회사에 전직을 요청했더니 박홍식에게 이야기하라는 답을 듣던 차에 해방이 되었습니다. 그런 관계로 회사는 박홍식의 소유가 되었고, 70여 종업원들은 생계를 잃고 지금까지 막대한 곤란에 처해 있습니다.

검   그 외에 할 말은 없는가.

증   별로 없습니다.

위 조서를 진술자에게 읽어주니 틀림없다고 진술하고 서명날인하다.

진술자 박원성

1949년 2월 24일
특별검찰부
검찰관 노일환
서기관 기중구

40원짜리 일꾼을 4원에 부렸습니다

피의자 박흥식의 반민법 위반 사건에 관해 1949년 2월 24일 시흥군 안양면사무소에서 검찰관 노일환, 서기관 기중구가 자리하고 위 증인을 신문함이 아래와 같다.

검　성명, 연령, 직업, 주소는 어떻게 되는가?

증　성명은 원용필, 나이는 35세, 직업은 마차부, 주소는 시흥군 안양면 안양리이고, 번지는 모릅니다.

검　증인은 박흥식을 아는가?

증　만난 사실은 없으나 박흥식이 비행기회사를 안양에 설립하면서 제 마차를 강제 징용했기 때문에 그를 알고 있습니다.

검　당시 증인이 박흥식의 회사에 1개월간 징용당한 횟수는 어떻게 되는가?

증　정함이 없이 아무 때나 징용을 당했습니다. 그래서 한 푼이라도 생활비를 벌 여유가 없었습니다.

검　당시 징용 임금은 얼마였으며 일반 임금은 얼마였는가?

증 일반 임금은 50~60원 정도였고, 박흥식의 회사에서 정한 징용 임금은 8~9원이었습니다. 그런데 짐에 따라서는 하루에 4원 벌이도 못된 날이 허다했습니다.

검 박흥식 측의 징용을 거절하고 다른 화물을 취급해 돈을 벌 수는 없었는지?

증 안양면에 거주하는 이상 그 회사 징용에 응하지 않을 수 없었습니다. 만일 다른 벌이를 찾는다면 군부나 경찰이나 그 회사 측에서 행패를 부리기에 견딜 수 없었습니다.

검 당시 우마차조합은 우마차업자들이 자진하여 조직한 것인가?

증 그렇지 않습니다. 업자들은 손해가 있으므로 전부 반대했습니다. 당국에서 강제로 조직하게 만든 것이올시다.

검 당시 마차업자들의 생활 정도는 어떠했는가?

증 생계가 말이 아니었습니다. 사람이 먹지 못하니 소와 말도 굶주리게 되어 화물 운반 도중 쓰러져 죽은 일도 있고, 살기 힘들어 우마차를 팔아 없애버린 사람도 허다했습니다. 그 여독이 지금까지도 계속되고 있습니다.

검 당시 일반 주민들은 생활에 타격이 없었는가?

증 들마다 곡식이 찬밥 되고, 전답이 황무지가 되어 가옥이 떨려 나갔습니다. 어찌 다른 사람이라고 피해가 없겠습니까. 주민 모두가 피해자였습니다.

검 이외에 할 말은 없는가?

증 말씀드린 대로 생계가 억울하고 막막하게 되었습니다. 소 잃고 말 잃고 살길까지 잃은 저의 분을 풀어주시고, 입은 손해도 찾도록 하여 주시기를 바랍니다.

위 조서를 진술자에게 읽어주니 틀림없다고 진술하고 서명날인하다.

진술자 원용필   1949년 2월 24일
                                               특별검찰부
                                               검찰관 노일환
                                               서기관 기중구

평생 불구자가 되었습니다

증인 한영우 신문   1949년 2월 24일
                                               시흥군 안양면사무소
                                               증인 한영우

피의자 박흥식의 반민법 위반 사건에 관해 1949년 2월 24일 시흥군 안양면사무소에서 검찰관 노일환, 서기관 기중구가 자리하고 위 증인을 신문함이 아래와 같다.

검 성명, 연령, 직업, 주소는 어떻게 되는가?

증 성명은 한영우, 나이는 41세, 직업은 농업, 주소는 시흥군 안양면 안양리, 번지는 모릅니다.

검 증인은 박흥식을 아는가?

증 직접 만난 사실은 없습니다. 그렇지만 박흥식이 안양에 비행기공장을 세울 때 저의 농토를 강제 수용했습니다. 그뿐만 아니라 저는 그 공장에 강제로 징용당해 일하다가 평생 낫지 못할 불구자가 되었습니다. 그래서 그를 잘 알고 있습니다.

검 당시 증인이 농토를 강제 수용당한 경위는 어떻게 되는가?

증 저희는 당시 여든 노친을 포함해 5인 가족으로 논 13두락을 소작해 근근이 생계를 유지하고 있었습니다. 그런데 1944년 4월경에 박흥식의 비행기공장이 들어서면서 모값까지 다 치른 농지 10두락을 강제 수용당했습니다. 그러나 식구들의 목숨이 달린 농지를 그대로 포기할 수 없었습니다. 단기간에 수확할 수 있는 참외 7두락을 밤낮없이 심고 비료를 많이 주었습니다. 그 덕분에 10일이면 수확하게 된 것을 그대로 갈아엎어 버렸습니다.

검 그 후에 증인이 강제징용을 당한 경위는 어떻게 되는가?

증 당시 저는 박흥식 비행기공장에 끌려가 일을 하던 중 수레에 크게 부딪혀 윗니가 전부 빠지는 불구자가 되었습니다.

(증인이 검찰관에게 치아 상태를 제시한다. 이를 검사한 검찰관은

증인의 윗니 5개가 빠졌음을 인정하고 계속 질문한다.)

검　이가 빠진 경위는 어떻게 되는가?

증　당시 저는 흙을 실은 수레를 밀고 있었는데, 다른 수레 한 대가 제 뒤로 급하게 쫓아왔습니다. 그대로 있다가는 죽겠다는 생각에 제가 밀던 수레로 뛰어올라 피하려다가 다쳤습니다.

검　그 치료비는 박흥식이 부담했는가?

증　치료가 무엇입니까. 즉사했더라도 말 한마디 못하고 국가를 위해 몸을 바쳤으니 오히려 영광스럽다고 하던 때였습니다. 그런 판국이라 관리자는 저한테 빨간약만 발라주고는 일을 계속하라고 했습니다. 제가 어렵사리 애원하니 겨우 반승낙하면서 그걸로 죽지는 않을 것이니 며칠만 쉬다가 나와서 일을 하라고 했습니다.

검　그 후엔 어떻게 치료했는가?

증　피를 많이 흘렸고, 또 돈이 없어서 충분히 치료하지 못했습니다. 지금도 간간이 고름이 나옵니다.

검　이외에 할 말은 없는가?

증　그때를 돌이켜보면 박흥식을 즉석에서 찔러 죽여도 분이 풀리지 않겠습니다. 아무것도 모르는 농민이지만 이러한 철천지원을 품고도 말 한마디 못하던 차에 법원에서 이와 같이 처단하신다니 감개무량을 금할 수 없습니다. 아무쪼록 박흥식을 엄벌에 처해 주시기 바랍니다.

위 조서를 진술자에게 읽어주니 틀림없다고 진술하고 서명날인
하다.

진술자 한영우   1949년 2월 24일
                                              특별검찰부
                                              검찰관 노일환
                                              서기관 기중구

박흥식이 경찰을 시켜 저를 고문했습니다

증인 곽행서 신문   1949년 2월 26일
                                       반민족행위 특별검찰부
                                              증인 곽행서

피의자 박흥식의 반민법 위반 사건에 관해 1949년 2월 26일 특별
검찰부에서 검찰관 노일환, 서기관 기중구가 자리하고 위 증인을
신문함이 아래와 같다.

검   성명, 연령, 직업, 주소는 무엇인가?

증   성명은 곽행서, 나이는 43세, 직업은 농업, 주소는 양주군 와
부면 덕소리 204입니다.

검   증인은 박흥식을 아는가?

증 알고 있습니다. 1940년 4월 20일에 증인이 발간하던 잡지《신
세기》에 〈박흥식의 결혼식 참관기〉라는 기사를 실었습니다. 이를
마땅찮게 여긴 박흥식이 종로경찰서에 힘을 쓰는 바람에 구속되어
고문당한 일이 있기 때문입니다.

검 당시 구속당한 자는 증인만이 아니었는가?

증 아니올시다. 저 말고도 편집국장 박귀송, 기사를 작성한 김정
혁 이렇게 3인이올시다.

검 당시 구속자 모두 고문을 당했는가?

증 네. 전부 당했습니다.

검 증인 일행의 구속은 박흥식의 고소에 따른 것인가?

증 경찰서에 구속될 때는 고소장도 없었습니다. 아무런 법적 절
차 없이 박흥식의 구두 의뢰로 20여 일을 가둔 채 고문을 벌인 것입
니다. 뒤늦게 박흥식이 금전 강요, 공갈·협박 미수 등의 죄명을 붙
여 고소했고, 이후 검사에게 송치되었습니다.

검 당시 게재된 기사 내용은 무엇인가?

증 박흥식은 조선인 가운데 최고의 친일파로 경찰과 군부 및 관
계 당국의 일본인들과 한몸이 되어 조선인을 착취하고 탄압했습니
다. 당시 삼엄한 일제의 악정하에서 그 죄상을 폭로할 방법이 없던
차에, 박흥식이 금력과 권력을 내세워 미모의 여성과 결혼-이혼을
거듭하기에 이를 비방한 기사를 낸 것입니다. 그리고 이는 법적으

로 아무런 문제가 없는 행
위였습니다.

검　박흥식이 고소한 것처
럼 증인은 금전 강요, 공갈·
협박한 사실이 있는가?

증　그런 사실이 전혀 없
습니다. 당시 담당 검사가
나가이長井라는 일본인이
었는데, 그는 범죄가 성립
되지 않음을 알고서 박흥식
과 수차 연락을 주고받았습
니다. 그리고 후일 박흥식

곽행서가 발행한 잡지《신세기》

이 무고죄로 붙잡힐 염려가 없도록 고소를 자진 취하하는 방식으로
저와 다른 두 명을 석방시켰습니다.

검　당시 경찰에서 증인을 취조한 자는 누구였는가?

증　사법주임 이토伊藤, 형사부장 요코다橫田 등이었습니다.

검　위 사실은 증명할 수 있는가?

증　당시《동아일보》를 비롯해 각 신문에 이 사실이 보도되었고,
잡지 기사는 증인이 소지하고 있습니다. 그래서 언제든지 제시할
수 있습니다.

검 그 외 할 말은 없는가?

증 저는 풀려난 뒤로도 박흥식에게 음양으로 박해를 받았습니다. 특히 그가 종로경찰서 고등계 형사 등을 동원하는 바람에 잡지를 4개월간 휴간했고, 고문 후유증으로 청량리요양병원에서 한 달 가량 입원해야 했습니다. 그리고 1940년 7월경에 화신백화점 옥상에서 박흥식의 비리를 공격하는 삐라를 뿌린 사실이 있었는데, 이때도 기사를 쓴 김정혁이 체포되어 무수한 고문을 당한 사실이 있습니다.

위 조서를 진술자에게 읽어주니 틀림없다고 진술하고 서명날인 하다.

진술자 곽행서

1949년 2월 26일
특별검찰관 노일환
서기관 기중구

궁색한 변명

나는 모르는 일이올시다

8차 피의자 신문

1949년 2월 26일
반민족행위 특별검찰부
피의자 박흥식

위 사람의 반민법 위반 피의사건에 관해 1949년 2월 26일 특별검찰부에서 검찰관 노일환, 서기관 기중구가 자리해 전회에 이어 계속 신문함이 다음과 같다.

검   피의자가 1944년 10월에 도쿄에 간 목적은 무엇인가?

박   역시 비행기회사 창립 인사차 방문이었습니다. 중앙정부에 자재, 기계, 기술 등의 도입을 주선해줄 것을 요청했습니다.

검　동행인은 누구인가?

박　전번과 마찬가지로 나카무라 중좌와 함께 갔습니다.

검　교섭은 순조로웠는가?

박　앞서 도쿄 방문 때와는 달리 정세가 일변해서 중앙정부에서는 도저히 주선해줄 여유가 없다고 말했습니다. 그래서 비행기공장을 중지하려느냐 물었더니 그 역시 자유라는 답변을 들었습니다. 이에 나카무라와 사업 중단까지도 논의했지만 다른 방법을 강구하기로 하고 도쿄에 머물면서 중앙의 방침을 기다렸습니다.

검　그 당시 도쿄에 체류한 기간은 얼마나 되는가?

박　한 달가량 있었습니다.

검　그동안 교섭은 어떻게 진행되었는가?

박　중앙정부의 육군성, 군수성, 육군항공본부 등이 회의한 결과 중앙정부는 여유가 없으니 상하이에 가서 물색해보라고 답을 들었습니다. 그곳의 노보리 부대를 소개받았습니다.

검　그래서 피의자는 상하이로 갔는가?

박　11월 중순 중앙의 소개장을 가지고 나카무라와 같이 상하이로 출발했습니다.

검　상하이에서 교섭한 결과는 어떠한가?

박　노보리 부대장을 면회하고 소개장을 주었더니 부대장이 크게

화를 내며 대체 중앙에서는 무슨 일을 하느냐고 했습니다. 상하이제로 비행기를 제작하겠다는 어리석은 이가 어디 있느냐면서 단 한 대도 알선을 못하겠다며 거절했습니다. 그렇지만 제가 수

차례, 나카무라 중좌가 7~8차례 교섭한 끝에 상하이제라도 괜찮다면 주선하겠다는 승낙을 받았습니다.

검　기계의 수량은 어느 정도였나?

박　상하이에서만 980대였습니다.

검　그 수량을 전부 구입하였는가?

박　해방 직전까지 상하이에서 500대를 구입했습니다.

검　상하이 이외에서는 얼마나 구입했는가?

박　히로나카상공弘中商工 회사에서 소형 선반 200대를 샀고, 부산에서 30대를 합해 해방 전까지 총 700여 대를 구입했습니다.

검　기타 비행기공장 시설 물자는 어떻게 구했는가?

박　공장 설비에 필요한 것은 시멘트와 목재와 철재 등인데, 이에 필요한 물자는 모두 총독부의 알선으로 공급받았습니다.

검　경성 시내 소개疏開 건물을 제공받은 사실이 있는가?

박　소개 건물의 목재, 기와, 석재 등을 제공받은 사실이 있습니다.

검　비행기회사를 설립한 장소는 어디인가?

박 사무소는 화신빌딩에 설치했고, 공장은 시흥군 안양면에 건설 중이었습니다.

검 공장 건설을 위해 부지를 마련하는 데 농토 피해는 없었는가?

박 그 당시에 모두 원래대로 경작하고 있었습니다.

검 그러면 안양에다 아무런 시설도 만들지 않았다는 말인가?

박 부지를 닦아서 노무자의 숙소를 짓고 있었고, 비행장은 하수도 공사를 했습니다.

검 구입한 700대분의 기계도 공장에 두지 않았는가?

박 600대는 창고에 입고시키고, 100대는 장치했습니다.

검 그것은 비행기를 만드는 일이 아닌가?

박 비행기 만드는 일이올시다.

검 그러면 공장에 설치된 것이 아닌가?

박 전술한 바와 같이 공장은 건설 중이었습니다.

검 그러면 피의자는 비행기공장을 설립하지 않았다는 말인가?

박 공장은 설립했지만, 모든 시설은 공사 중에 있었습니다.

검 비행기공장의 규모와 구조는 어떠한가?

박 조선직물회사와 동양방직회사 안양공장을 징발해서 쓰기로 되었고, 건평 2500평의 노무자 기숙사를 건축 중이었습니다. 그리고 비행장 규모는 45만 평이었습니다.

검 그것은 전부 농지였는가?

박 전부 농지였습니다.

검 그 농지는 피의자가 매수한 것인가?

박 매수하지는 않았습니다.

검 매수하지 않고 어떻게 그와 같이 사용한 것인가?

박 가격은 차후에 결정되면 지불하기로 하고, 우선 사용할 것을 지주들에게 승낙받았습니다.

검 지주들에게는 어떻게 승낙을 받았는가?

박 군부와 경찰을 동원해 강제로 승낙받았습니다.

검 피의자는 해방될 때까지 지주들에게 토지 대금을 지불한 사실이 있는가?

박 지불한 사실이 없습니다.

검 그러면 당시 조선인들이 비행기공장에 대한 원한이 크지 않았겠는가?

박 물론 원한이 컸음은 사실이올시다. 그러나 군부와 관계된 일이라 부득이하게 당했을 것이올시다.

검 피의자의 비행기회사 설립이 조선 민족 전체에 미친 영향은 어떠한가?

박 민족 전체에는 별 영향이 없었고, 안양면 주민 중에서도 피해자를 제외하고는 지역이 발전된다며 환영한 사람도 있었을 것이올시다.

검 당시 비행기공장 건설에 매일 동원된 인부는 몇 명이며, 그들을 어떻게 동원했는가?

박 그것은 잘 모르겠습니다.

검 공장과 회사의 직원 수는 얼마나 되었는가?

박 공장과 회사를 합쳐 2800명가량의 직원이 있었습니다.

검 그 당시 인부는 징용해 사용하지 않았는가?

박 인부를 징용한 사실은 없습니다.

검 인부의 하루 임금은 얼마였는가?

박 역시 잘 알 수 없습니다.

검 당시 인부, 우마차 등을 징발해 사용하지 않았겠는가?

박 당시 정세로는 징발하는 게 상례였습니다.

검 그러면 피의자의 비행기공장도 마찬가지 아니었겠는가?

박 그것은 실무자들이 하는 일이라 저는 잘 모릅니다.

위 조서를 진술자에게 읽어주니 틀림없다고 진술하고 서명날인하다.

진술자 박흥식

1949년 2월 26일
반민족행위 특별검찰부
검찰관 노일환
서기관 기중구

돈은 주고받았지만 죄는 아닙니다

9차 피의자 신문

1949년 2월 27일
서울형무소
피의자 박흥식

위 사람의 반민법 위반 피의사건에 관해 1949년 2월 27일 서울형무소에서 검찰관 노일환, 서기관 기중구가 자리해 전회에 이어 계속 신문함이 다음과 같다.

검　당시 안양의 비행장과 공장 내 출입은 자유로웠는가?

박　용건 없는 자는 출입을 금했습니다.

검　그렇다면 그 자리에 농토를 소유한 자나 경작자는 출입하지 못했을 것이 아닌가?

박　건설부에서 하는 일이라 자세히 알 수 없으나 출입은 어려웠을 것입니다.

검　그러면 평소처럼 경작했다는 진술은 어떻게 된 것인가?

박　1945년에는 영농을 하도록 두자고 간부회의에서 말했기 때문에 그렇게 되었으리라 생각하고 말한 것이올시다.

검　그 회사 부지 45만 평에 포함된 지주와 소작인은 몇 명인가?

박　확실하게는 모르겠으나 상당한 숫자일 것이올시다.

검 그 지주와 소작인들은 상당한 피해를 입었고, 거기다 비행기 공장을 건설하면서 생활에 타격이 막대했을 것이 아닌가?

박 기숙사 등 공사 중인 부분에 있어서는 물론 손해가 막심했을 것입니다. 기타 비행장에 편입된 농지도 1945년까지 경작하지 못했다면 물론 피해가 컸겠고, 생활에 타격이 막대했을 것이올시다.

검 피의자가 비행기공장에서 손을 뗀 때는 언제인가?

박 1945년 8월 15일 해방되던 날부터 손을 떼었습니다.

검 해방 후에 피의자는 무엇을 했는가?

박 수개월간 조선비행기회사의 잔무를 정리하고, 자숙하면서 힘 닿는 데까지 조국 독립을 위해 물질적으로 원조하고, 경제 재건을 위해 전문가들과 함께 연구기관을 조직했습니다.

검 비행기회사 청산은 어떻게 했는가?

박 해방된 해 8월 17일부터 조선군사령관 고즈키 요시오上月良夫와 참모장 이하라 준지로에게 조선비행기회사는 당국의 정책으로 설립한 회사인 만큼 주주나 사장은 하등의 책임이 없으니 사령부에서 보상금을 내주어서 청산하도록 도와달라고 요청했습니다. 당초 고즈키와 이하라 두 사람은 패전국으로서 군수회사에 보상금을 지출한 예는 없다고 거절했습니다. 그래도 10일간 계속 애원한 끝에 8월 27일에 경리부장 마쓰모토松本 소장을 통해 1600만 원짜리 수표 1장과 1200만 원짜리 1장, 2800만 원을 받아 청산했습니다.

검　그 외에 금전을 받은 일은 없었는가?

박　그 뒤 2~3일 지나서 역시 마쓰모토 소장에게 2매의 수표를 합쳐 2050만 원을 받은 사실이 있습니다.

검　그 돈은 무슨 명목으로 받았는가?

박　비행기공장 경영으로 화신에 손해도 있었고, 군부와 당국에 지출도 컸으며, 입장도 곤란할 것이니, 그대 같은 훌륭한 실업인은 신생 한국에서 다시 활약해야 하기에 주는 갱생자금이라고 했습니다. 처음에 1000만 원을 주었는데 피의자가 사양했더니 아무런 조건이 없는 돈이고 재기하는 데 정치자금이 필요하지 않겠느냐고 재차 권하기에, 그렇다면 더 많이 줄 수 없느냐고 말했습니다.

검　그래서 어떻게 되었는가?

박　얼마나 필요하냐고 묻기에 3000만 원을 요구했더니 이하라 준지로가 고즈키와 상의한 후 다음날에 2050만 원을 주었습니다. 그러면서 50만 원은 황해도에서 국근광산을 운영하는 일본인에게 전해달라고 했기에 결국 2000만 원을 받은 것입니다.

검　비행기회사 정관에 손해는 일본 정부에서 보상한다는 규약이 있는가?

박　정관에 그러한 규약은 없습니다.

검　피의자는 손해보상 요구에 대해 주주들과 사전에 협의한 사실이 있는가?

박 그러한 사실은 없습니다.

검 그러면 피의자는 보상금 요구를 무슨 법적 근거로 한 것인가?

박 법적 근거는 없습니다. 개인적 정으로 애원한 것입니다.

검 그러면 위법행위임을 알고 그 돈을 받은 것이 아닌가?

박 위법이라고는 생각지 않습니다.

검 그러면 합법이었는가?

박 합법도 아니올시다.

검 해방 후 조선 국내의 모든 재산은 조선의 것인가, 일본 정부의 것인가?

박 조선 정부의 소유이올시다.

검 조선 정부의 재산을 일본인과 교섭해 일본인에게 받을 수 있는가?

박 당시 제가 받은 돈은 일본 정부의 재산이었습니다.

검 말의 앞뒤가 다르지 않은가? 양심적으로 진술하라.

박 당시 제가 받은 돈은 조선은행 내에 있는 일본은행 대리점에서 발행한 수표입니다. 그런 까닭에서 저는 그 돈을 일본 정부 재산으로 생각합니다.

검 피의자가 2차에 수취한 2050만 원도 수표로 받았는가?

박 아니올시다.

검 그러면 어떻게 받았는가?

박 마쓰모토가 제게 2050만 원어치 수표를 주면서 경리부 계원인 다나베田邊를 불러서 현금으로 바꿔주라고 했습니다. 이에 다나베가 조선은행에서 수표를 자신의 명의로 배서한 후 현금으로 바꿔서 제게 주었습니다.

검 그 돈도 일본 정부 돈인가?

박 일본 정부 돈이올시다.

검 피의자는 해방 후에도 조선을 일본 정부의 조선으로 아는가?

박 아니올시다. 해방과 후에는 독립된 조선으로 생각합니다. 해방과 동시에 일본 정부와는 손이 떨어진 것으로 봅니다.

검 그러면 경제적으로도 동일하게 생각하는가?

박 각 금융기관은 여전히 일본인이 운영하고 있었습니다. 따라서 정권이 설 때까지는 일본인이 지배한다고 생각했습니다.

검 당시 주둔한 미군이 그러한 의사를 발표한 사실이 있었는가?

박 그러한 사실은 없었습니다.

검 그러면 피의자의 독단적 희망이 아닌가?

박 제 희망은 아니고 관측이올시다.

검 피의자는 해방 전후 군사령부를 통해 근 5000만 원에 이르는 금전을 요청해 취득한 것이 합당한 일이라 생각하는가?

박 1차에 2800만 원을 받은 것은 잘했다고 생각하나 2차에 수취한 것은 잘못되었다고 생각합니다.

검 2차에 받은 금액 중 일본인이 경영한 광산에 50만 원을 준 증빙서류가 있는가?

박 없습니다.

검 그러면 무엇으로 주었다고 인정하겠는가?

박 입증할 방법은 없습니다.

검 피의자는 수취한 2000만 원을 어떻게 처리했는가?

박 수취한 즉시 350만 원은 조선비행기회사에서 접수한 조선직물회사 보상금으로 쓰라고 일본인 혼다 히데오本田秀夫(조선비행기회사 경리담당 상무)에게 주었고, 500만 원은 제가 소지했습니다. 나머지는 가족과 제가 관계한 사업 명의로 분할 저금했습니다.

검 그와 같이 분할 저금을 한 이유는 무엇인가?

박 당시 돈을 내놓으라는 조선비행기공장과 화신 종업원들의 공갈·협박이 심했습니다. 그래서 제 명의로 소지하면 입장이 곤란했기에 그렇게 분할 저금을 한 것이올시다.

검 피의자는 여러 사람 명의로 재산을 옮겨두는 조치를 현재까지 계속하고 있는가?

박 현재에는 그렇지 않습니다.

검 지금은 피의자의 재산과 관련해 불안이 없는가?

박 지금은 아무런 불안도 없습니다.

검 반민법에는 재산 몰수 조항이 있지 않은가?

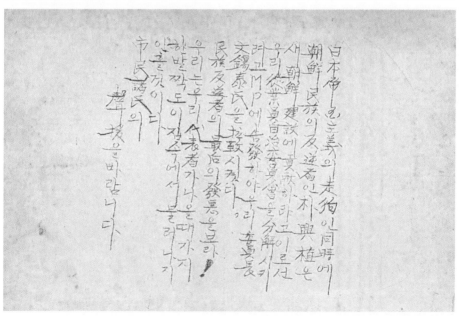

'화신 제국의 왕'으로 보도된 박흥식(상단 왼쪽). 그러나 현실의 그는 한 평생 종업원들과 불화를 겪었다. 화신의 부당해고를 폭로하는 전단(상단 오른쪽). 박흥식이 자사 종업원을 헌병대에 고발한 것을 비난하는 전단(아래).

박   거기에 대해서는 생각해본 일이 없습니다.

검   피의자가 당시 군사령부로부터 갱생 정치자금으로 받았다는 2000만 원은 무엇을 의미한 것인가?

박   신생 국가를 위해 필요한 사업을 함으로써 재기할 수 있으리라 생각했습니다.

검   피의자는 일제에게 받은 돈으로 조국을 다시 세우는 국면에서 정치적 활동을 하려고 했다는 말인가?

박   지금 생각하면 불순할지 모르겠습니다만, 당시의 저는 조선비행기회사를 경영했기에 이에 대한 뒷감당이 쉽지 않았습니다. 그래서 일본인의 돈이라도 받아서 활동해보려고 한 것이올시다.

검   그러면 그것으로 해방 후 자숙했다고 하는 것인가?

박   일선에 나와서 활동하지 않는 것으로 자숙을 했습니다.

검   피의자는 해방 후 여행증을 얻은 사실이 있는가?

박   그런 사실이 있습니다.

검   어디로 가는 여행증이었는가?

박   미국에 가는 여행증이올시다.

검   그 여행증은 누구의 소개로 얻었는가?

박   미군정하 과도정부 외무처 과장으로 있는 한 씨에게 브라운 소좌를 소개받았습니다. 그에게 알아봤더니, 경제인 자격으로 미국에 갈 수 있다고 하기에 여행증을 신청했습니다.

검 그에 따른 수속도 밟았는가?

박 입국 허가증까지 받아서 수속을 완전히 밟았습니다.

검 여행증을 만든 시기는 언제인가?

박 1948년 7월경으로 기억되나 확실한 일자는 잘 모르겠습니다.

검 피의자의 미국행 목적은 무엇인가?

박 ①외국과의 통상을 위해 화신무역 지점을 미국에 설치할 것, ②흥한재단 미국지부 설치, ③경제 시찰 등이올시다.

검 피의자는 미군정 사령관 존 하지John R. Hodge(1893~1963) 중장과도 만나서 경제계에 대해 협의한 사실이 있다는데, 맞는가?

박 협의한 사실이 있습니다.

검 피의자는 조선 경제 문제에 관해 한미경제구락부에서 견해를 발표한 사실이 있다는데, 맞는가?

박 발표한 사실이 있습니다.

검 피의자는 1947년 9월 8일 덕수궁에서 앨버트 웨드마이어Albert C. Wedemeyer 미국 대통령 특사와 회견하고, 조선 경제 문제에 관해 담화를 나눈 사실이 있었다는데, 맞는가?

박 그런 사실이 있습니다.

검 피의자는 1947년 4월경 홍삼 수출 허가신청서를 제출한 사실이 있는가?

박 계획은 세웠으나 실시는 하지 않았습니다.

검　이상의 진술로 볼 때 피의자가 경영 일선에 나오지 않고 자숙했다는 것이 납득되지 않는데, 어떤 뜻으로 하는 말인가?

박　해방 직후에는 자숙했으나 나중에는 일선에서 활약한 것이 사실입니다.

검　당시 여행증 수속을 마친 후 피의자는 미국으로 갔는가?

박　가지 못했습니다.

검　출국하지 못한 이유는 무엇인가?

박　여행증을 받기 전에 신문에 도피 운운하는 기사가 나왔습니다. 미국 측에서 그런 여론이 있으니 잠시 보류하는 게 어떻겠느냐고 해서 한 차례 지연되었고, 여행 허가가 나온 직후에는 개인적 형편으로 가지 못했고, 그 후에는 반민법이 제정되어 연기했습니다.

검　피의자는 자신을 반민법 해당자로 생각했는가?

박　제가 조선비행기회사를 경영했기에 1차 조사를 당할 것으로 생각했습니다.

검　피의자는 반민법이 공포된 후 김연수를 만난 사실이 있는가?

박　그를 만난 사실이 있습니다.

검　만난 이유는 무엇인가?

박　당시 장직상(1883~1959)˙이 찾아와 반민법 문제를 염려하면서 김연수 씨와 의논해보라고 해서 만난 것이올시다.

검　피의자와 김연수가 나눈 대화 내용은 무엇이었나?

박 우리가 반민법의 처벌을 면할 방법이 있는지, 국회의원에게 적당히 운동할(힘쓸) 방법이 있는지 등을 이야기했습니다. 그러자 김연수는 다시 생각해서 답하겠다고 했습니다.

검 그 후 어떻게 되었는가?

박 김연수가 장직상을 찾아와 자기는 그럴 의사가 없다고 말했습니다.

검 그러면 피의자는 장직상과 같이 국회의원을 상대로 그런 운동을 전개했는가?

대한제국~일제강점기의 관료, 기업인, 친일반민족행위자. 대한제국 말기부터 1910년대까지 경상북도 신녕·선산·하양 군수를 지냈다. 이후 대구은행 이사, 대구상업회의소 회장에 오르며 재계의 유력자로 행세했다. 막대한 헌금과 토지를 기부한 공로로 중추원 참의에 임명되었고, 흥아보국단·임전보국단 등 친일단체의 간부로 참여했다.

박 아닙니다. 중지했고, 그 뒤로 어떤 운동도 하지 않았습니다.

검 그런 운동은 결국 반민법 실천을 방해하는 행위가 아닌가?

박 처벌을 면하려고 한 일이지 방해하려고 한 것은 아닙니다. 방해할 힘도 없었습니다.

검 그 방면으로 피의자는 상당한 금전도 기부했다는데?

박 그 방면에 기부한 사실은 없고, 수도청 수사과장 최난수가 수사비가 부족하다고 해서 10만 원을 준 사실이 있습니다.

검 대한민국 경찰 수사비를 어째서 개인인 피의자가 부담하게 되었는가?

노덕술(앞줄 왼쪽 첫 번째)과 최난수(오른쪽 첫 번째). 박흥식이 단 두 번 마주친 사이인
최난수에게 용도도 묻지 않고 거금을 내줬을 때, 최난수는 노덕술과 반민특위요원 암살계획을
짜고 있었다.

박   그런 것은 아니올시다. 당시 경찰에서 경비가 부족하다고 기

부 요구를 해와서 수차례 준 사실이 있습니다.

검   최난수가 요구한 수사비는 무엇에 관한 것인가?

박   무슨 수사비인지도 몰랐습니다. 저로서는 최난수를 두 번 만

났을 뿐인데, 김태선 수도청장도 아는 일이라기에 믿고서 10만 원

을 준 것이올시다.

검   피의자는 그 금액을 주고 영수증을 받았는가?

박 받지 않았습니다.

검 그러면 두 번밖에 보지 않은 사람이며 내용도 잘 모르는 금전을 지불하면서 영수증도 받지 않은 이유는 무엇인가?

박 수도청 간부였기에 믿고 주었고, 개인적으로 준 것이기에 영수증을 받지 않았습니다.

검 그 돈은 공적인 목적이 아니라 불순한 데 사용될 것이기에 영수증 없이 준 것이 아닌가?

박 절대로 그렇지 않습니다.

검 그 돈 사용처가 실제로 불순했다면 피의자는 그 내부 사정을 알고 준 것이 아닌가?

박 내통하고 준 것은 아니올시다.

검 그 돈이 정계 인사 암살계획에 사용되었다는데, 피의자는 어떻게 생각을 하는가?

박 저는 얼마 전 그 사건으로 증인 신문을 당하고서야 비로소 알았습니다. 대단히 놀랐고, 책임을 통감했으며, 이제부터는 기부에도 세심하게 살펴야 한다고 생각합니다.

검 수도청장 김태선과 반민법 문제로 대화를 나눈 사실이 있다는데, 그러한가?

박 그러한 사실은 없습니다.

검 피의자는 그 외에도 경찰에 기부를 한 사실이 있다는데?

박 수도청장에게 70만 원, 종로서장에게 30만 원, 합계 100만 원을 기부한 사실이 있습니다.

검 그것은 어떤 명목인가?

박 경찰서 후원 명목이었습니다.

검 거기에서는 영수증을 받았는가?

박 역시 받지 않았습니다.

검 관청이 공적으로 돈을 받아 가면서 영수증을 발행하지 않은 경우가 있는가?

박 발행해야 합니다만, 그쪽에서 영수증을 주지 않았습니다.

위 조서를 진술자에게 읽어주니 틀림없다고 진술하고 서명날인하다.

진술자 박흥식

1949년 2월 27일
반민족행위 특별검찰부
검찰관 노일환
서기관 기중구

유명한 게 죄입니다

위 사람의 반민법 위반 피의사건에 관해 1949년 2월 28일 서울형무소에서 검찰관 노일환 서기관 기중구가 자리하고, 전회에 이어 계속 신문함이 다음과 같다.

검　피의자와 재무 관계를 가진 단체로는 어떤 곳들이 있는가?

박　주식회사 화신, 화신무역회사, 주식회사 화신백화점, 상호무역회사, 경성방직회사, 조선은행, 식산은행, 조흥은행, 조선생명보험회사, 재단법인 흥한재단, 흥한피복 등이올시다.

검　마지막으로 하고 싶은 말은 없는가?

박　솔직히 말씀드리면 일제하에서의 제 행적이 과대 선전이 되고, 그로 인해 말썽이 벌어지는 데는 지나친 점이 있습니다. 그것은 저보다 더 큰 공장이나 회사를 경영하는 자가 있습니다만, 저는 대중을 상대하는 백화점을 종로4가의 제일 눈에 띄는 곳에서 경영했고, 또 연쇄점(체인점)을 전국에 설치해 경영했기에 그만큼 유명한 까닭이올시다.

그러나 저의 큰형이 도산 안창호 선생 제자로 한일합병 직후 왜인에게 고문당하고 죽었습니다. 그 때문에 선친으로부터 너는 정치계 진출은 하지 말라는 말씀을 듣고서, 학업도 많이 닦지 못하고 장사 방면으로 시종일관 노력해온 것입니다. 사실 저는 화신백화점과 연쇄점 등을 경영하며 일본인의 종로 진출을 방지했기에 당시 조선인의 면목을 세웠던 것이올시다. 그리고 신문지를 외국에서 수입해 오면서 물론 저의 이익도 있었습니다만 문화계에 공헌이 없었다고 할 수는 없습니다. 무엇보다 사업이 크게 번창한 것은 한마디로 저의 부단한 노력 덕분입니다.

역대 조선총독들이 제게 중추원 참의 등 공직을 권유했습니다만 매번 거절했습니다. 솔직히 말하면 항일이 아니고 시종일관 경제계에 진출한다는 신념에서 거절한 것입니다. 조선비행기회사는 전시체제에서 총독, 군사령관, 참모장 등 요인들이 수십 차례 경영을 권유하기에 부득이 맡게 된 것입니다. 이를 모두 물리치고 거절하지 못한 것은 후회합니다만 당시 형편이 그러했음을 헤아려 주시기 바랍니다. 결과적으로 2800명의 직원이 비행기공장에 징용되어 외국 징용을 면했습니다. 비행기는 한 대도 만들어 보내지 않았고, 기계와 물자가 조선에 들어오게 되었으므로 국가와 민족에 해는 없었을 줄로 압니다.

비행기공장을 경영한 죄로 해방 후 거의 전 재산을 들여 국가 인재 양성을 위한 흥한재단을 설립했습니다. 철두철미 거절하지 못하고 비행기공장을 경영한 죄로 이 재단을 국가에 바칠 결심을 하고 있으니 관대하신 처분을 바랍니다. 관용을 받는다면 30년간 경험한 것을 신생 국가의 경제 재건에 전부 바칠 각오올시다.

위 조서를 진술자에게 읽어주니 틀림없다고 진술하고 서명날인하다.

진술자 박흥식

1949년 2월 28일
반민족행위 특별검찰부
검찰관 노일환
서기관 기중구

반민족행위
특별재판정

1949년 3월~9월

특별검찰부의 공판 청구

공판은 조사를 거쳐 기소된 형사 사건을 법원이 심리·판결하는 과정을 가리킨다. '형사재판'이라고도 한다. 따라서 특별검찰부가 공판을 청구한다는 것은 박흥식의 반민족행위에 대한 심리를 마치고 이를 재판에 넘긴다는 뜻이다. 1949년 2월 28일 반민특위는 박흥식에 관해 다음과 같이 공판 청구서를 작성, 제출했다.

공판 청구서

1949년 2월 28일
반민족행위 특별검찰부
죄명: 반민족행위처벌법 위반(제4조 제7항, 10항, 11항, 12항, 제7조)
피고인: 박흥식

위 사람의 아래 범죄사실에 의하여 공판 청구함.

범죄사실

피고인 박흥식은 이름 없는 일개 지방 상인으로 1926년에 상경해 선일직물 주식회사를 창설했다. 34세의 어린 나이에도 명철한 두뇌를 가졌고 장사의 이치에 밝은 자였다. 그러나 아부에 능하며 교활한 그 성격으로 총독 치하 정계의 주요 인물들과 무난히 친교를 맺어 재계와 실업계, 경찰계, 군부에 이르기까지 광범위로 친일했을 뿐 아니라 식민지 착취기관인 동양척식회사의 감사를 비롯해 무수한 중요 회사의 중역을 지냈다. 나아가 중일전쟁이 일어나자 전시 일본의 국책사업을 도울 목적으로 잇따라 등장한 각 친일단체의 수뇌 간부로 국민정신총동원연맹 이사, 배영동지회 상담역, 임전보국단 이사, 국민동원총진회 감사, 대화동맹 심의원, 흥아보국단 상임위원, 국민총력연맹 이사, 매일신보사 감사역, 조선총독부 보호관찰소 촉탁보호사, 재단법인 기계화국방협회 이사, 조선비행기 주식회사 사장 등을 역임한 자이다.

1. 피고인은 수시로 뇌물과 연회를 베풀어 일본 당국의 물질적 환심을 사는 데 전력을 경주했다. 정신적으로도 식민지 정책 수행에 아부함으로써 기무라를 비롯한 역대 종로경찰서장과 긴밀한 친분을 맺었다. 재계에서는 식산은행장 아리가 미츠토요를 비롯한 은행계 거두들과 한집안같이 지내게 되었다. 이를 따라 호즈미穗積 식

산국장, 미즈다水田 재무국장, 이케다池田 경무국장, 미쓰하시三橋를 비롯한 역대 상공과장, 곤도近藤 상업금융과장, 야스다安田 경기도지사, 오카岡 경기도 경찰부장 등으로 뻗어 나가며 친일 농도가 깊어가게 되었다. 나아가 이타가키, 이하라 등 군부의 최고 간부급과 우가키 가즈시게 이하 역대 총독들과도 친교를 맺기에 이르렀다. 당시 일본에서 쓰다 가네보화장품 사장, 아다치足立 왕자제지 사장 등 일본 내의 재계, 경제계에서 일류를 다투는 거물들이 조선에 올 때 피고인도 총독의 초청을 받아 일본 내 실업 거두들과도 친교를 갖게 되었다. 이에 그치지 않고 비행기공장 경영을 계기로 일본 정부 도조 히데키 수상과 그 외 육군성, 군수성까지 무대를 확장해 최고 친일의 지위를 확보했다.

2. 피고인은 최고 친일 배경과 재계의 적극적 보호 아래 무허가 사설 중개은행업자 역할을 하며 마음대로 융자를 얻을 수 있었다. 이를 바탕으로 화신상회를 경영하는 종로의 거상 신영화에게 돈을 빌려준 것을 구실 삼아 화신을 삼켰고, 같은 수법으로 경쟁자 동아백화점을 병합해 종로 제1의 상인이 되었다. 마쓰오카 종로서장과 결탁해 종로 거리의 중소 상인들을 억압하며 종로경찰서 대지와 그 정문 앞 국유도로 등 2700여 평의 1급 상업 부지를 독점했다. 동시에 연쇄점(체인점)을 창립하고 토착 중소지주를 농간해서 전 조선 땅

에 350개의 연쇄점을 설치하는 데 성공했다. 일본에서 처분하지 못해 골칫거리가 된 과잉 생산품의 소비를 조선이 부담하게 하려는 식민 정책에 따라 연쇄점에서 이에 대한 처분을 맡았다. 그러나 조선의 소비력도 무한한 것이 아니므로 업황은 점차 나빠져 연쇄점은 250개로 줄어들었다. 설상가상으로 1943년 전시 통제 강화로 상품 배급이 중단되면서 연쇄점은 문을 닫게 되었으나, 토지를 담보로 받아둔 피고인은 조금도 손해가 없었던 반면 지방 연쇄점주들은 모두 몰락하고 말았다. 이후 피고인은 화신에 전력을 경주해 통제 생필품 등을 백화점에서 독점 배급받도록 총독부 당국에 교섭 운동을 전개했다. 이를 위해 일본인이 경영하는 4개 백화점과 함께 조합을 결성하고 초대 조합장으로 취임하고, 조선인 중소상공업자는 암거래만 하니 우리 백화점에 특별 배급할 것을 요청해 전쟁 이전의 2배 반에 달하는 배급량을 확보하며 막대한 이윤을 남겼다. 당시의 이윤이 화신의 역사에서 최고봉이었음에 반해 조선인 중소상공업자는 기존의 배급권을 박탈당하고 폐업 상태에 있다가 마침내 정리당하고 말았다. 이 시기에 피고인의 연쇄점에서는 8할의 일본 잉여 상품을 소비했고, 화신에서는 7할을 소비했으니 우리 조선을 상품시장화하는 일제의 착취 정책에 실로 위대한 공로를 세웠다 하겠다.

전남 목포에 남아 있는 옛 화신연쇄점 건물(국가지정문화재)과
화신연쇄점 광고판("값싸고 좋은 물건, 여러분의 화신 연쇄점").

3. 피고인은 역대 총독 중 우가키를 제일 숭배했으며, 총독과 가깝게 지내며 매국역도의 두령인 한상룡과 박영철의 후계자로 인정받았다. 1937년 일제의 침략전쟁이 발발하자 1938년 국민정신총동원연맹 이사 및 배영동지회 상담역, 임전대책협력회 등의 간부로서 정치적 활동을 개시, 임전대책협력회에 김연수·민규식과 같이 20만 원을 기부하고, 총후적성銃後赤成(후방 국민들의 정성)을 내세워 민중에게 전시채권을 강매했다. 피고인은 이 기관을 발전시켜서 '전시 통제하의 애국운동과 청년 훈련'을 목적으로 하는 임전보국단 결성을 주도하고 평양까지 가서 선전 유세를 했으며, 이사로 취임해 보국의 충성을 다했다.

그 외 국민총력연맹 이사, 대화동맹 심의원, 흥아보국단 책임위원, 조선총독부 보호관찰소 촉탁보호사 등 각 단체의 간부로 활동하면서 '내선일체의 실천을 의미하는 내선결혼을 장려함으로써 황민화운동을 실현하자'고 주장했으며, 1943년에는 특별지원병제가 발표되자 〈학도여 분기하라〉는 담화를 신문에 싣고 학생들의 출전을 강조하고 대동아전쟁의 필승에 총 진군할 것을 역설했다. 그 외에도 〈대조를 받자옵고〉〈지성으로 봉공〉 등의 담화를 내고, 〈광명의 대지를 향하여〉라는 논문을 잡지《조광》에 게재해 침략전쟁을 성전이라고 찬양하며 민족을 기만했으며, 미나미 지로 총독이 조선을 떠날 때 〈영원히 잊지 못할 자부〉라 하여 총독이 조선인의 '아비'

요 '어미'인 것처럼 석별사를 《매일신보》에 발표했으니 그 아부야 말로 아부의 신기록을 달성했다. 1942년 12월에 '전일본 산업경제 대표자 전력증강 간담회'에 조선인 대표로 참석하여 일황 히로히토를 면접하고, "배알의 영광에 못 이겨 오직 감읍할 뿐이다"라는 감격의 말을 세상에 발표하고, 다시 피고인은 '필승의 신념을 가지고 대동아전쟁 완수에 전력을 바쳐서 산업경제인으로의 중책을 실천할 것을 결의했다'는 담화를 신문지상에 발표하면서 침략전쟁의 필승을 다짐했고, 이듬해 12월에 〈배알 1주년 성려봉체聖慮奉體〉라는 제목하에 전년도의 결의를 거듭 강조하여 여러 친일단체의 수뇌 간부로서 악질적 행동을 감행한 자로서 우리 조국 해방에 막대한 피해를 끼쳤다.

4. 피고인의 일제에 바치는 무한한 충성심과 굳은 결의는 굴함 없이 발전해 1944년 3월경에 조선항공부 담당 장교 나카무라 중좌를 대동하고 일본에 가서 도조 히데키 수상, 육군성, 군수성 제1국장, 항공본부 부장 등을 만나고 조선의 징병제 실시 기념사업으로 서울 근교에 비행기 제조회사를 세우려 하니 부족한 기술과 자재의 원조를 요청했다. 이에 일본 중앙정부에서도 대동아전쟁이 중대한 단계에 있으므로 이 부탁을 쾌히 승낙했다. 뜻있는 이 사업을 완수하겠다는 것을 맹서한 피고인은 조선으로 돌아와서 총독부 및 군부

와 협의해 중일전쟁이 발발한 1944년 7월 7일 고이소 총독에게 항공기제조사업 허가신청서를 제출하고, 9월에 비행기회사를 창설했다. 그해 10월 창설 인사차 일본 중앙정부에 가서 물자 원조

현재 가치로 7000억 원이 넘는 금액이다. 화폐단위 변화와 물가상승률을 고려한 한국은행의 화폐 환산가치 기준.

를 요청했을 때는 정세의 변화로 중앙에서 원조를 거절함과 동시에 피고인의 의사에 따라 비행기회사 창설을 그만둬도 좋다고 했음에도 불구하고, 1개월간 도쿄에 머물면서 육군성에 간청한 끝에 상하이 노보리 부대를 소개받고 기자재를 공급받게 되었다.

피고인은 상하이로 가서 비행기 1080대분, 20억 달러어치의 자재를 구입했다. 이때 대금은 바터제Barter(물물교환)로 치르기로 했는데 1차로 구입한 500대분의 대금으로 3~4개월간 700여만 원*에 달하는 인삼·사과·견직물 등의 조선 내 생산 물자를 수송했으니 가뜩이나 피폐했던 당시 민생에 미치는 피해가 막대했다.

같은 해 3월에 경기도 시흥군 안양면에 비행기공장을 건설했는데, 공장과 비행장 부지로 각각 2300여 평, 45만여 평에 달하는 막대한 토지를 군부·경찰을 동원해 강제 몰수했다. 250여 지주와 900여 호에 달하는 농가의 4000여 농민이 하루아침에 생계를 박탈당하고 살길이 막혀 거리에서 방황하게 되었으니 그 참상은 눈 뜨고 볼 수 없는 지경이었다. 비행기공장 건설이 미친 피해는 유산층에

서 노동자, 농민에 이르기까지 일인과 친일분자를 제외한 각계각층에 달했다. 짐 뺏기고, 논 뺏기고, 소 뺏기며, 말 뺏기고, 노동력마저 강제로 박탈당하는 등 그 혹독한 약탈은 사람과 짐승과 산천초목을 가리지 않았다. 팔이 부러지고 이가 빠져 불구자가 된 자가 속출했고, 길가에 굶어 죽은 우마가 널렸으며, 농토와 임야는 황무지가 되었다. 이렇듯 인민의 원성이 하늘에 사무쳤으나 해방이 될 때까지 한 푼의 돈도 보상 없이 강도 노릇을 계속했다. 이뿐 아니라 300여 명의 청·장년들을 기술 강습이란 명목으로 만주로 징용을 보냈으니 피고인이 비행기공장 건설로 우리 민족에게 끼친 해악은 비할데 없이 깊고 크다.

5. 피고인은 반민법이 공포되자 그 실천을 방해하려는 의도를 품고 장직상과 같이 김연수를 찾아가 대책을 모의했다. 이것이 여의치 못하자 미리 준비한 여행권을 이용해 도피 공작을 벌이는 한편, 반민법을 반대하는 경찰관에게 아무런 명목 없이 100여만 원을 지급한 바 있다. 이상의 사실에 비춰볼 때 피고인은 악질적 반민법 실천 방해 공작을 한 자이다.

6. 피고인은 해방 직후인 1945년 8월 17일 군사령부를 방문해 10여 일간 간청 끝에 군사령관 우에키에게 4800여만 원에 달하는

막대한 금전을 불법적으로 받아냈다. 피고인은 그 돈의 절반가량을 비행기회사 관계 주주, 기타 부채 정리로 사용하고 나머지 2000만 원은 착복한 채 안양 비행기공장 피해 농민과 지주에게는 한 푼도 주지 않았으며, 기타 종업원에게도 한 푼도 주지 않았다. 이는 패망한 일제가 남은 화폐를 고의로 남발한 행위에 편승한 것으로, 피고인은 해방 후까지 일제 전범자와 공모해 민족 경제를 파탄시켰으며, 현재까지도 피고인이 착복한 2000여만 원이 일본 정부의 금전이라는 주장을 고수하는 것으로 보아, 일제의 재립을 희망하는 가장 악질적 친일 거두로서 철두철미-초지일관하는 자다.

1949년 2월 28일
반민족행위 특별검찰부
검찰관 노일환
특별재판부 귀중

1차 공판:
끝없는 증거, 기막힌 변명

반민특위 특별재판부는 특별검찰부의 공판 신청을 받아들여 1949
년 3월 26일 박흥식에 대한 1차 공판을 시작한다. 역사적 재판의
막이 오른 것이다.

1차 공판
1949년 3월 26일 오후 1시
서울지방법원 대법정
반민족행위 특별재판부 피고인 박흥식 반민법 위반 사건

재판장 신태익
재판관 오택관, 홍순옥, 이종면, 김호정
검찰관 노일환
서기관 최종언

피고인은 신체의 구속을 받지 않고 출석하다. 변호인 배정현, 박응무, 박원삼, 김병관이 출석하고 재판장은 피고인에게 아래와 같이 신문하다.

재(특별재판부)　성명, 연령, 직업, 주거와 본적지는 어떻게 되는가?

박(박흥식)　성명은 박흥식, 나이는 47세, 직업은 회사원, 주거는 서울시 종로구 가회동 177번지, 본적은 평안남도 용강군 용강면 옥도리 387번지입니다.

재　공무원의 직위에 있는가?

박　없습니다.

재판장은 피고인 박흥식의 반민족행위처벌법 위반 사건에 관한 심리 개시를 선언하다. 검찰관은 공판 청구서에 기재된 범죄사실과 공소사실을 진술하다. 재판장은 피고인 박흥식에게 본 사건을 알려 주고 심리를 시작하다.

재　해방 전후 정치 문제로 처벌을 받은 일은 없는가?

박　없습니다.

재　가족은?

박　어머니와 처, 1남 3녀 도합 7인 가족입니다.

재 교육 정도는?

박 소학교를 졸업하고, 그 외 한문을 다소 공부했을 뿐입니다.

재 재산은?

박 흥한재단에 기부하고, 나머지는 현재 시가로 동산과 부동산을 합해 수천만 원가량 소유하고 있습니다.

재 종교는?

박 아무 종교도 믿지 않습니다.

재 취미는 무엇인가?

박 사업 이외에는 별반 취미가 없습니다.

재 정치, 인생, 철학, 민족 문제 등에 대해 연구해본 일이 있는가?

박 없습니다.

재 세계 민족 문제에 대해서는 어떠한가?

박 일제 치하에서 일본인과 조선인이 받는 대우가 현저히 차이가 난다는 것과 식민지 문제 등에 대해 다소 연구해보았습니다.

재 최초에는 평안남도 진남포에서 미곡상을 경영하고, 그다음에는 선광당인쇄 주식회사를 설립 후 사장으로 인쇄업에 종사했나?

박 그렇습니다.

재 1925년에 상경했는가?

박 1926년에 상경했습니다.

재 상경하여 선일지물 주식회사를 창립하고 사장에 취임했는가?

박 　그렇습니다.

재 　1931년 9월경에 화신상회 주식회사를 창립하고, 사장에 취임했는가?

박 　그렇습니다.

재 　동양척식 주식회사 감사를 비롯해 화신상사 주식회사 이사 및 사장, 주식회사 화신 이사 및 사장, 경성방적 주식회사 이사, 북선제지화학 주식회사 이사, 조선석유 주식회사 이사, 제주도흥업 주식회사 이사, 조선생명보험 주식회사 이사, 조선권업 주식회사 이사, 조선공학 주식회사 이사, 대흥무역 주식회사 이사, 남만방적 주식회사 이사, 동광생사 주식회사 이사, 경인기업 주식회사 이사, 주식회사 매일신보사 감사역을 역임했는가?

박 　그렇습니다.

재 　진술한 각 회사의 주를 소지하고 있는가?

박 　네. 소지하고 있습니다.

재 　조선총독부 물가위원회 위원, 조선중앙임금위원회 위원, 조선총독부 보호관찰소 촉탁보호사, 국민총력조선연맹 이사, 연성부 연성위원, 국민총력 경기도연맹 참여, 국민총력 경성부연맹 이사, 대화동맹 심의원, 흥아보국단 상임위원, 경성사법보호위원회 참여, 조선무역협회 이사, 조선공업협회 상무이사, 제국발명협회 조선본부 이사, 재단법인 사립 광신상업학교 이사장, 조선수출공업협회 이사, 조선실업구락부 부회장, 재단법인 기계화국방협회 조선본부 이사, 식량협회 조선본부 평의원, 피복협회 조선지부 이사, 동아경제간담회 조선위원회 위원, 배영동지회 상담역, 국민동원총진회 감사 등을 역임했는가?

박 흥아보국단, 대화동맹, 동아경제간담회 조선위원회, 배영동지회, 국민동원총진회와는 아무런 관계가 없습니다. 그 이외는 모두 사실입니다.

재 화신상회의 조직은 어떻게 구성되어 있는가?

박 주식회사 화신, 주식회사 무역사, 주식회사 화신백화점 3부로 조직되어 있으며, 모두 화신빌딩에 입주해 있습니다.

재 흥한재단은?

박 흥한재단도 화신빌딩 내에 있습니다.

재 흥한재단의 재산은 얼마나 되는가?

박 처음에는 1억6000만 원 정도였으나 현재에는 수억가량 될 것입니다.

재 동양척식회사(동척)에는 언제 입사했는가?

박 해방되기 3~4년 전에 입사했습니다.

재 동척 주식은 얼마나 소유했는가?

박 1000주 소지하고 있습니다.

재 동척에서 조선인 감사역은 피고인 1인뿐이었는가?

박 그렇습니다. 저는 평감사역으로 들어갔습니다.

재 동척에 입사한 동기는 무엇인가?

박 당시 미나미 총독이 제게 중추원 참의를 맡으라고 권하기에 정치 문제에는 간섭하기 싫다고 했더니, 그러면 동척 감사역을 맡으라고 했습니다. 미나미 총독과 가미우치 동척 이사가 계속 권해 부득이 취임하게 되었습니다.

재 동척이 조선의 고혈을 빨아먹는 기관임을 몰랐는가?

박 일한병합 당시는 식민지 정책을 써왔으나, 제가 들어갈 당시에는 일본인의 조신 이민 사업과 토지 매수는 중지했고, 주로 금융기관에 투자하는 회사였습니다. 따라서 단순한 착취기관이라고 볼 수 없었기에 취임했습니다.

재 그러면 피고인은 경제적 실권을 잡기 위해 취임한 것인가?

박 그렇습니다.

재 이민이나 토지 매수만 착취이고, 다른 사업은 착취라고 보지 않는가?

박 자세한 것은 알 수 없습니다만, 이런 기관에서 발언권을 얻으려는 것도 입사 동기 중 하나였습니다.

재 불이흥업* 등과 자매 관계가 있

일제강점기 조선에 존재했던 농업회사. 1914년 오사카 출신 상인 후지이 간타로藤井寬太郎가 설립했으며 수리사업과 '불이농장'으로 불리는 대농장 경영을 통해 사세를 키웠다. 일제 말기에는 동양척식 주식회사에 맞먹는 위세를 떨쳤고, 소작인들에게 가혹한 조건을 강요해 소작쟁의가 빈번했다.

동양척식 주식회사 경성지점. 해방 후에는 내무부 청사, 금융기관 청사로 쓰이다가
1972년에 철거되었다.

는가?

박　불이흥업과는 관계가 없습니다.

재　동척에서 이익 배당을 받았는가?

박　연 7% 이익 배당을 받았습니다.

재　해방 직전까지 조선에서의 토지, 건물 등 소유권, 담보권의 7~8할이 일본인 소유인 것을 아는가?

박　압니다.

재　흥아보국단을 결성한 사실이 있지 않은가?

박　그런 사실은 없습니다. 당시 민규식·조병상·김연수 등이 흥아 보국단 또는 토요회를 조직한다고 두세 차례 준비 중이었는데, 총 독부에서 여러 단체를 통합하라고 해 임전보국단을 결성하게 된 것 입니다.

재　피고인이 검찰관에게는 흥아보국단을 결성한 사실이 있다고 했는데 어찌 된 일인가?

박　그렇게 말한 사실은 없습니다.

재　1941년 10월 9일 임전보국단 결성 당시 피고인도 그 준비위 원이었는가?

박　준비위원으로 활동한 사실은 없고, 이사로는 있었습니다.

재　임전보국단 취지는 무엇인가?

박　전시통제하의 애국운동과 청년 훈련이 목적이었습니다.

재　그뿐만 아니라 정신적·노무적 황도사상 통일, 국가우선주의, 저축물자 공출, 방위체제 등이 내용이라는데 어떠한가?

박　저는 그런 자세한 내용은 알 수 없습니다. 그 단체에서 저를 이사로 정한 목적은 기부금이었습니다. 그래서 김연수, 민규식, 저 3인이 균등하게 각 20만 원을 기부했습니다.

재　같은 해 10월 13일 고원훈과 함께 평양에 가서 임전보국단 결성에 대해 유세한 일이 있는가?

박　그때 고원훈과 동행하긴 했지만 저는 화신회사 업무차 간 것입니다. 따라서 저는 유세를 한 적이 없고, 고원훈이 임전보국단 지부 설치에 대해 말했습니다.

재　검찰관에게는 유세했다고 말했는데 어찌된 일인가?

박　그와 같이 말한 일은 없습니다.

재　피고인은 1941년 10월 29일자《매일신보》에 〈임전보국단의 결성 태세 정비〉라는 글에서

내외 정세가 날로 긴박하고 있는 지금, 임전보국단은 2400만 민중이 과감히 일어나 황국신민으로서 모든 직책을 다할 때는 이때라고 힘차게 외치며 결성되었다. 그동안 운동 방침의 기초는 더욱 견고해지고 규약과 강령도 마련되어 (⋯) 전 조선 방방곡곡에서 일대 애국운동을 일으켜 마침내 결단식까지 거행하게 된 것이다.

그다음에 〈결성식 앞두고 각도에 유세대 파견〉이라는 제목의 글에서 앞서와 같이

임전보국단에서는 오는 10월 하순을 기해 결단식을 거행하거니와 이보다 앞서 10월 10일부터 19일까지는 본 단체의 준비위원인 고원훈, 이성환, 박영효, 최린, 김사연, 박흥식, 김천성, 한상룡, 김동환, 김시권, 김연수, 신태악 등 여러 사람을 각 도에 파견해 민간 유력자와 간담하고 성대한 강연회를 열어 2400만 민중이 한 사람도 빠짐없이 이 애국운동에 참가하게 되었다. 더욱이 본 단체에서는 애국의 정열을 각 지역에 크게 외쳐왔을 뿐만 아니라 위원들이 꼬마 채권(1원짜리 등의 소액 채권)을 가지고 가두로 진출하여 판매하는 등 감격스러운 실천을 해온 터에, 일반 민중의 자발적 기부금도 받고 있다. 이번에 다시 위원들이 동원될 각 도에서의 유세는 애국운동에 또 한번의 박차를 가할 것으로 기대되고 있다.

운운한 담화를 발표했는데 맞는가?

박　그런 의미로 《매일신보》에 발표된 것은 사실이오나 저는 사업이 바빠서 유세한 일도 없고, 거리에서 채권 등을 판 일도 없습니다. 말씀드렸듯 회사 업무차 고원훈과 동행한 것입니다.

재　그러면 1941년 9월 12일 《매일신보》에 〈총력의 임전보국단

합동위원회서 결성 결의석상 민, 김, 박 세 사람이 현금 20만 원을
제공한 미담〉이라는 제목의 글에서

> 오늘 두 단체의 위원이 한자리에 모여서 여러 가지 파란곡절을 돌파하
> 고 일심단결이 되어서 지극히 원만스럽게 보조를 같이하게 된 것은 최
> 선의 길이며, 동시에 경하스러운 일이다. 머지않아 발회식을 보게 된
> 차제에 조선임전보국단의 사업이 2400만 반도 민중 전체에 대한 것이
> 니만큼 우리 세 사람이 기부금을 내는 일로 의논한 결과 적은 돈이나
> 마 내어놓게 된 것이다. 전 조선 유력자들에게 바라건대, 권유를 받는
> 것보다는 자진하는 애국의 정성으로 많은 돈을 국가사업에 기부해 소
> 기의 목적 달성에 매진함이 있기를 간절히 희망한다.

라는 담화를 발표한 게 맞는가?

박 신문기자들이 저의 집에 찾아오거나 전화를 걸어와 경제계
대표로 담화를 발표해 달라고 했습니다. 이에 저는 적당히 써달라
고 부탁했을 뿐입니다.

재 그렇더라도 이 담화 발표에 피고인의 책임이 있지 않은가?

박 책임을 안 지겠다고 하지 않았습니다만, 대부분 신문기자들이
쓴 것입니다.

재 아무리 그때의 《매일신보》가 총독부의 기관지라지만 엄연히

피고인이 감사역으로 있던 신문이다. 피고인 정도의 인물이 할 수 없는 말을 기자들이 마음대로 대필했다는 것은 저간의 사정을 감안하더라도 믿기 어려운 일 아닌가?

박 그렇습니다만 저는 용어도 잘 모르고 사업이 바빠 적당히 발표해달라고 부탁했을 뿐입니다. 발표에 대해 책임지지 않겠다는 건 아닙니다.

재 국민정신총동원연맹 이사를 지냈는가?

박 그렇습니다.

재 1942년 7월 1일자《매일신보》에 〈민심의 동향은 어떤가〉라는 제목의 글에서

> 황민화운동은 내선결혼을 장려함이 좋다. 청소년에게는 희망과 광명을 갖게 함과 동시에 청년에게는 정당한 사업과 상공업에 많이 참가케 하기 바란다. 연맹기구는 일반 민중이 더 밀접한 활동을 할 수 있도록 실천과 사상을 가열하기 바란다.

라는 내용의 담화를 발표했는가?

박 그런 담화를 발표한 것은 틀림없습니다만 이것도 신문기자에게 부탁하여 기자가 적당히 쓴 것입니다.

재 매일신보사 감사역이 된 것은 틀림없는가?

박　사실입니다.

재　《매일신보》가 어떤 신문인지 아는가?

박　조선총독부의 정치와 일본의 국책 기관지입니다.

재　그런 줄을 알면서 왜《매일신보》감사역이 되었는가?

박　권유를 받았습니다.

재　이상 담화 발표 중에 내선결혼이 좋다고 했는데 진정으로 나온 말인가?

박　저는 내선결혼을 희망한 일도 없고, 생각해본 일도 없습니다.

재　피고인이 하지 않은 말을 기재할 이유는 없는데, 어찌 된 일인가?

박　말한 바와 같이 저는 기자의 요청을 받고 적당히 써서 내어달라고 부탁했을 뿐, 내선결혼 문제는 언급한 일이 없습니다.

재　조선인이 일본인과 결혼하면 혼혈이 염려되는데 피고인은 어떻게 생각하는가?

박　저도 그렇게 생각합니다.

재　대화동맹 심의원이 된 일이 있지 않은가?

박　대화동맹 심의원이 된 일은 전혀 없습니다.

재　검찰관 조사에서는 인정하지 않았는가?

박　검찰관에게 관계가 없다고 말했습니다.

재　어떤 관계인지 내용을 아는가?

박　관계가 없으므로 내용도 모릅니다.

재　동아경제간담회의 조선 위원이 된 일이 있지 않은가?

박　없습니다.

재　피고인은 1942년 12월 16일 전일본 산업경제대표자 전력증강 간담회에 참석차 일본 도쿄에 갔던 일이 있는가?

박　갔던 일이 있습니다.

재　어떤 경로로 갔으며, 간담회의 내용은 무엇이었는가?

박　일본 도조 히데키 수상으로부터 도쿄로 오라는 전보가 와서 총독부에 들어가 이유를 물었습니다. 총독이 해당 간담회에 참가할 경성 내 조선인 5인을 추려 일본 정부에 보고했더니, 저만 선발되었다 했습니다. 저는 처음엔 거절했지만 재차 참석을 권하기에 도쿄로 가게 되었습니다. 그래서 전국 경제인 대표 500여 명이 일본 궁궐에 집합하여 일황에게 줄줄이 서서 면접하고 돌아왔을 뿐입니다.

재　그때 일황은 어떤 말을 했는가.

박　일황께서 별반 담화는 없었습니다. 얼굴만 봤을 뿐입니다.

재　피고인은 일황을 만난 후인 1942년 12월 16일자 《매일신보》에 〈배알의 광영의 감읍〉이라는 제목의 글에서

　　금일의 간담회는 대동아전쟁을 이겨 나가는 광대한 전략적 규모와 생산력 확충에 부응하는 산업경제인의 새로운 결의를 보인 회의라고 생

각합니다. (…) 특히 입궐하여 배알의 영광을 입고 감읍했는데, 우리는 산업경제인으로서 대어심(황제의 큰 아량)을 받들어 필승의 신념으로 대동아전쟁 완수에 모든 힘을 바칠 것을 폐와 간에 깊이 새겼습니다.

라는 담화를 발표했는가?

박 도쿄의 《매일신보》 기자가 제게 담화를 발표해달라고 하기에, 그에게 적당히 써서 내라고 부탁했을 뿐입니다. 그러나 역시 이 발표에 제 책임이 없다고 말하는 것은 아닙니다.

재 그 발표 중에 일황을 배알하고 영광을 입고 감읍感泣(감격해서 울다)했다고 했는데 실제로 울었는가?

박 감읍이라는 문구는 일황을 면접하면 상투적으로 사용하는 용어이고, 기자가 그리 기재한 것에 불과합니다. 감읍한 사실은 없습니다.

재 그렇다면 영광으로 생각한 것은 틀림없는가?

박 그때 영광으로 여긴 것은 사실입니다.

재 피고인은 1943년 12월 6일자 《매일신보》에 〈배알 1주년 … 영광의 산업경제대표 담화〉라는 제목의 각 기사에

작년 오늘 나는 황공하옵게도 산업경제계 대표자의 한 사람으로, 특히 반도 출신으로는 유일하게 알현의 영광을 입었습니다. 지척에서 용안

을 뵙고 절한 때의 감격은 일생을 두고 잊을 수가 없습니다. 우리들 산업경제계에 있는 사람들은 이 대어심을 받들고자 더욱 노력하지 않으면 안 됩니다. 이제 결전의 양상은 나날이 심각 가열해서 전력의 증강은 시시각각 급무가 되고 있습니다. 지금의 대포 한 대, 비행기 한 대는 내일의 대포 열 대, 비행기 열 대보다 나은 전력을 발휘하는 것입니다. 조금이라도 한가하게 할 수는 없는 것입니다. 모든 전장에 있는 사람은 오직 증강에만 용기를 내며 최후의 승리를 얻기까지 매진해야만 합니다.

이런 내용이 발표되어 있는데, 사실인가?

박　이 역시 《매일신보》 기사가 부탁하기에 적당히 내어 달라고 위촉했을 뿐이고, 제가 일일이 초안을 써준 것은 아닙니다.

재　해당 신문을 읽어보았을 터인데, 자기 의사에 별반 위반된 점은 없는가?

박　네. 신문에 기재된 것은 사실임을 자인합니다.

재　미나미 지로 총독이 조선을 떠날 때 《매일신보》에 석별사를 발표했는가?

박　네. 발표한 일이 있습니다.

재　1942년 5월 30일자 《매일신보》에 〈영원히 잊지 못할 자부慈父(인자한 부모)〉라는 제목으로 재임한 6년 동안 내선일체의 완성이라는 큰길을 향해 조선 통치에 온 갖 힘을 기울여 지원병제도·창씨제도·징병제도라는 큰 열매를 맺고 사 임하는 미나미 총독은 아마도 만족하실 것입니다. 우리는 어머니와 같 이 자애가 깊은 총독을 보내게 되어 섭섭한 마음을 금할 수 없습니다. 미나미 총독이 조선 통치에 남겨 놓은 가지가지의 공적은 2400만 반 도 동포의 머리에 영구히 기억될 것입니다.

라는 석별사를 발표했는가?

박 그런 의미로 석별사를 발표한 사실은 있으나, 내용은 다소 잘 못된 점이 있습니다.

재 어떤 점이 잘못되었는가?

박 미나미 총독을 인자한 어머니라고 기재된 부분이 잘못되었습 니다. 저에겐 그러한 의도도, 그렇게 발표해 달라고 부탁한 일도 없 습니다. 그리고 저는 창씨개명에도 내심으로 불만을 가지고 있었 습니다. 그래서 창씨를 하지 않았습니다. 그러니 해당 기사는 기자 가 마음대로 쓴 것입니다. 또 징병 운운한 내용도 저의 본뜻이 아닙 니다.

재 피고인은 창씨개명 하지 않았다는 것을 자랑하지만, 피고나 한상룡 등의 경우처럼 창씨를 안 해도 아무런 문제가 없었다면 그 것이 도리어 일제와 친했다는 증거가 아닌가? 또한 당시 피고나 한

상륙 등이 무사했던 것은 창씨개명이 강요가 아닌 자발적 선택이라는 핑계로 쓰기 위한 일본의 고도의 정치적 판단임을 모르는가?

박 저도 강요당했으나 하지 않았습니다.

재 1943년 11월 10일 《매일신보》에 〈이 전과를 생각하고, 학병의 더 분기를 바란다〉라는 제목의 글에서

특별지원병제도 발표로 반도 2500만의 기쁨이 절정에 달한 때 거듭해서 이런 대 전과를 접함으로써 황군 장병들에게 진심으로 감사하는 동시에 앞으로 어떻게 이 노고에 보답할까 적지 않은 부담을 느낍니다. 미국과 영국이 아무리 생산력이 풍부함을 자랑하는 적일지라도 머지 않아 우리 황군 앞에 굴복하리라 확신합니다. 이런 때일수록 반도 청년, 학도들은 한층 더 숭엄한 임무를 깨달아 오는 20일 지원병 모집 기한까지 한 사람도 빠짐없이 전부 지원하기를 바라 마지않습니다.

라고 담화를 발표했는가?

박 네. 대개 그런 의미로 발표했습니다.

재 이 담화는 특히 모질고 악독한데, 어떤가?

박 주위 환경에 의해 그와 같이 발표했습니다만, 그 담화로 큰일이 좌우될 줄로는 믿지 않았습니다.

재 과도한 발표라고 생각지 않는가?

박 말씀드린 것과 같이 저의 본의가 아니었으나 주위 사정에 의해 과도한 기사를 내게 된 것입니다.

재 1944년 9월 25일자《매일신보》에〈근로정신 계몽에 민간 유력자들 궐기〉라는 제목의 기사에

근로 보국에 불타는 일념을 품고서 싸우는 반도의 중견·지도적 인사들이 준비 중이던 국민동원총진회가 어제 24일 (…) 각계 귀빈의 참석 하에 성대히 결성되었다. (…) 먼저 육해군, 공군에 감사하는 결의문을 결의하고 (…) 이사장에 이성환 씨가 추대되었다. (…) 일동은 총력을 결집해 근로동원의 철저를 맹서했다. 뒤이어 오다 광공국장은 '반도에 노무 동원에 대한 기대가 실로 큰데 아직도 일부에서 징용에 대한 이해가 부족함은 유감천만이다. 이번 민간 측에서 총궐기가 되어 총진회가 탄생된 것은 기쁜 일로서 유종의 미를 거두기를 바란다'라고 격려했다. 또한 니시히로 경무국장은 '노무와 병사가 한 덩어리가 됨으로써 전쟁을 수행할 수가 있는 것인데, 국민의 의무인 노무 동원에 이해가 부족한 것은 유감스러운 일이다. 이번 유력한 중견 인사들이 망라해 자발적인 단체가 결성되었으므로 이 방면에 큰 추진력이 되기를 바란다'고 격려했다. (…) 황국신민서사를 합창하고 발회식을 마치었는데, 이후 지방 순회강연, 간담회 개최 등의 구체적 활동을 개시할 예정이다.

임원진

고문: 한상룡, 윤치호, 최린, 김천성, 박상준

이사장: 이성환

이사: 이종린, 이종욱 안흥식, 장덕수, 신흥, (…) 한림

감사: 김성수, 방응모, (…) 박흥식

운운하는 내용이 있는데, 어떠한가?

박 저는 그 결성식에 참석한 적도, 토의한 일도 없습니다.

재 1945년 4월 4일자《매일신보》에 〈대조를 받자옵고 영광을 빛내오리, 분발 노력하여 성은을 받들자〉라는 제목의 글에서

(조선인의) 국정 참여라는 반갑고도 고마운 이 획기적 사실에 반도 2600만 동포는 오직 감격과 감사, 황국에 바치는 충성심으로 충만하다. 황공하옵게도 4월 1일 천황폐하께서는 국정 참여에 관한 조서를 널리 알리시어 반도 동포들이 황국 국정을 도울 길을 열어 주신 것이다. (…) 이 영광의 감격은 끝없으며 고마우신 폐하의 염려를 받들어 답하기를 맹서하는 반도 민중은 (…) 대동아전쟁 완수를 위해 정진하는 신민의 본분에 조금도 유감없는 수련을 쌓고, 나아가서는 이 수련을 실천할 자격을 더욱 튼튼히 해야 할 것이다. 그리하여 이 국정 참여의 큰 뜻을 빛내고 황군에 만 분의 일이라도 보답하도록 자각하고 충성을 다

해야 할 것이다.

라고 담화를 발표했는가?

박　그때 담화를 발표한 것은 맞습니다만 자세한 내용은 기억하지 못합니다.

재　피고인은 배영동지회 결성에 관계하지 않았는가?

박　관계한 일이 없습니다.

재　1944년 잡지《조광》9월호에

1944년 7월 12일 오후 7시 30분에 부민관 대강당

배영동지회 결성대회

상담역 박흥식

〈선언〉

황군이 대륙에서 성전한 지 2주년, 우리의 순수하고 충성스러운 정예군은 항일세력을 섬멸하여 그 이름이 세상에 퍼졌다. 국민 또한 하나가 되어 동아의 신질서 건설에 매진하며 철벽의 방비를 기하고 있다. 이때 이르러 완고하고 미혹되며 교활한 영국의 태도는 방약무인하고 언어가 힘차다. 우리는 금일까지 분함을 참고 견뎠으나 톈진 조계租界

˙

문제는 드디어 제국의 단호한 태도로 결론을 보았다. 이는 당연하다

고 할 것이다. 국민 또한 일치하여 이를 지지한다. 그러나 당황한 영국은 외교 교섭으로 문제를 호도해 일-영 회담이 열리려 한다. 그 오만불손하고 음험하고 간사한 책략을 일삼는 종양 덩어리를 척결하지 않으면 그 화근이 100년에 미치리라. 우리는 굴하여 평화를 바라지 않는다. 이에 전국에 격문을 띄워 나라를 근심하는 선비가 서로 모여 배영동지회를 결성해 동아에 혼란을 가져온 괴수 영국을 응징하고 그 세력을 분쇄하기를 기원함.

7월 12일 배영동지회

1860년대부터 약 90년간 영국·미국·일본 등 열강들이 상하이·톈진 등 중국의 주요 항구도시에 설치한 자국의 치외법권지대. 톈진에서 영국과 각자의 조계를 두고 대결과 타협을 반복하던 일본은 태평양전쟁 발발 후 영국령 조계를 무력으로 점령하게 된다.

이런 내용의 기록이 있는데 어떠한가?

박　저는 그 결성대회에 참가한 일이 없고, 그 후에도 관계한 일이 없습니다.

재　1941년 9월 7일자 《매일신보》에

임전대책협력회에서는 (…) 행인들에게 1원짜리 꼬마 채권을 팔기로 되었다. 이것은 애국운동은 이름보다도 실천이 중하다는 협력회의 운동

방책을 실천하는 첫걸음으로, 특히 길거리에서 민중들에게 자발적인 애국 충성을 발휘하도록 지도하는 동시에 저축 보국운동을 꾀하는 뜻 깊은 일이다. 그래서 이날 채권은 강매하지 않고, 나라 사랑과 자손의 장래를 위하는 마음으로 채권을 사자는 취지를 인식하는데 중점을 두기로 했다.

채권 파는 장소는 황금정(을지로)이며, 담당 회원의 이름은 다음과 같다.

고원훈, 이종린, 박흥식, 장우식, 박창서, 김위남

운운 기재되어 있는데 어떠한가?

박　저는 당시에 참관한 일이 없고, 따라서 길에 나가 채권을 판 일도 없습니다. 제 이름도 올라와 있는 것을 저도 신문을 보고 알았습니다.

재판장은 사실 심리를 속행한다고 알리고, 다음 기일은 추후 지정한다고 선언하고 폐정하다.

1949년 3월 28일

반민족행위 특별재판부 제1부
재판장 재판관 신태익
서기관 최종언

2차 공판~결심 공판

박흥식에 대한 반민특위 재판정 기록 가운데 공식 사료로 확인할 수 있는 것은 1차 공판까지다. 이후 계속된 2차 공판에서 마지막 6차 공판까지 재판부와 박흥식의 공방은 당시 보도된 신문 기사를 통해 간접적으로 살펴보도록 하겠다.

미심쩍은 보석 소동: 2차 공판[*]

박흥식에 대한 2차 공판은 4월 11일 오전 11시부터 서용길 특별검찰관 입회 아래 신태익 재판장 심리로 열렸다. 흥아보국단과의 관계를 묻는 재판장에게

《동아일보》 1949년 4월 12일자 기사 〈반민특위 재판: 일본군 강요로 회사설립, 박흥식 제2회 공판서 변명〉을 참고해 재구성했다.

박흥식은 자신과 아무런 관련이 없다고 부인했다. 이에 재판장이 1942년 8월 조선호텔에서 열린 흥아보국단 발기인대회에 그가 참가한 사실을 추궁하자, 박흥식은 그 자리가 경제인들의 친목 모임이었으며 자신은 그곳에서 어떠한 주장이나 의사도 발표하지 않았다는 식으로 회피했다. 대화동맹 심의원으로 활동하지 않았냐는 질문에는 대화동맹은 손영목이 주도한 조직이라며 역시 책임을 피해갔다. 박흥식은 자신이 지원병 종로협찬회 회장이라는 의혹 또한 사실이 아니며 화신빌딩에서 사무실을 임대했을 뿐이라고 밝혔다. 심리가 시작되고 20여 분 뒤 박흥식이 몸이 불편하다고 하자 재판장은 그를 자리에 앉힌 채 심리를 이어갔다.

재 피고인 소유의 땅을 종로경찰서 부지로 제공하는 대신 근처 중소상인들의 점포를 일제히 접수해 불하받은 사실이 있는가?

박 명의자는 저로 바뀌었습니다만 여전히 원래 상인들이 영업하고 있으며 그동안 집세 같은 것도 받아본 일이 없습니다.

계속해서 화신연쇄점의 경영에 대한 심리가 이어진 뒤, 가장 중요한 조선비행기공업회사 설립 경위에 대한 신문이 있었다.

재 1944년 10월 2일 조선비행기회사를 설립하고 사장으로 취임

일제강점기 종로경찰서 구관. 1935년 화신백화점에 대형 화재가 발생해 영업을 할 수 없게
되자, 박흥식은 종로경찰서장과 담판을 지어 바로 건너편에 있던 종로경찰서 구관 청사를
임시 매장으로 개장하는 수완을 발휘한다. ⓒ선샤인스튜디오

한 동기는?

박　저는 그런 회사를 설립할 능
력도 의지도 없었습니다. 그저 당시
총독부와 군부의 거듭된 권고를 끝

● ─────────
법원이 보증금을 받거나 보증인
을 정하여 구속된 형사사건 피의
자를 조건부 석방하는 제도.

까지 거절하지 못해 반강제로 응한 것이며, 한편으로는 그리함으로
써 화신의 종업원들이 징용을 면할 수도 있겠다고 생각했습니다.

　　이후 박흥식은 자신이 비행기회사를 차린다고 해도 당시 정세로
볼 때 전쟁이 끝날 때까지 비행기를 제작하기 힘들 것이라는 전망
을 갖고 행동한 것이며, 그 외에도 자신의 비행기회사 설립 동기가
일제의 전쟁 협력에 있지 않았음을 변명했다. 공판은 오후 12시를
넘겨 마무리되었다.

　　한편 2차 공판 9일 뒤인 4월 20일 특별재판부는 수면 장애 등의
이유로 박흥식의 보석*을 결정했다. 이 소식을 듣고 긴급회의에 들
어간 반민특위 특별검찰부는 같은 날 전원이 사표를 제출한다. 특
별검찰부는 보석 결정에 박흥식의 뇌물 공세가 작용했으리라는 의
심을 품었다. 이에 재판장 신태익은 보석은 특별재판관 5인의 토의
로 결정된 것으로, 뇌물 운운은 무고라고 반박했다.

　　이러한 소동 끝에 박흥식의 보석을 특별재판부에서 재검토하고
대신 특별검찰부의 사표를 반려하는 것으로 합의가 되었다. 박흥식

을 신문한 노일환 검찰관은 다음과 같은 견해를 밝혔다. "박흥식은 능히 감방생활을 감내할 수 있는 사람이다. 건강한 반민 피고의 거두 박흥식을 보석하는 일은 천만부당하다. 수면부족으로 신경쇠약 운운하는데,

4차 공판은 《조선일보》 1949년 5월 11일자 기사 〈조선비행기주식회사 관계는 순순히 시인, 박흥식 제4회 공판〉을 참고했고, 5차 공판은 《조선일보》 1949년 6월 3일자 기사 〈박흥식 심리〉를 참고해 재구성했다.

반민법 위반으로 수감된 자가 잠을 설치는 것은 당연할 일이다. 잠을 좀 못 잔다고 석방한다면 반민법 피의자 전부를 불구속으로 취조해야 될 것이고, 이는 반민족행위자 처단 정신에 반하는 것이다."

이후 3차 공판은 1949년 4월 25일에 열릴 예정이었지만 피고인 측의 요청으로 취소되었다.

읍소 전략: 4차와 5차 공판*

박흥식의 4차 공판은 1949년 5월 9일 오후 2시 30분 노일환 특별검찰관 입회하에 신태익 재판장의 심리로 열렸다. 재판정은 방청객으로 만원을 이루었다.

2차 공판에 이어 재판장이 조선비행기공업회사와의 관계를 계속해서 신문하자 박흥식은 일본 당국의 위협에 못 이겨 회사 설립을 받아들였다고 진술했다. 그리고 비행기공장과 비행장 부지 확보

에 따른 지역민들의 피해에 관해 "공사가 공사였던 만큼 피해가 있었을 것이며, 이에 대해서는 저도 유감입니다"라고 밝혔다. 한편 '강제수용한 농지의 보상비는 관청의 절차 문제로 지연된 것이고 해방 후 적당히 분배되었다고 믿는다'는 진술에는 특별검찰관 노일환의 매서운 추궁이 뒤따랐다. 이어 재판장이 반민특위요원 암살음모사건과 미국행 여권 문제를 신문하자, 암살음모는 전혀 모르는 일이며 여권은 미국 경제시찰 목적으로 낸 것으로 반민법 시행으로 보류했을 뿐 지금도 반환하지 않았다고 밝혔다.

5차 공판은 1949년 6월 2일 오전 11시 40분 신현상 특별검찰관 입회하에 신태익 재판장 심리로 열렸다. 재판장이 박흥식의 과거 행적과 태도를 두고 '일제 입장에서는 조선 민족 침략에 박차를 가해준 것이고, 조선 민족 입장에서는 자살행위가 아니냐'고 묻자 박흥식은 "나는 오직 실업에만 몰두했기에 정치적 결과를 생각하지 않았습니다. 그렇더라도 조선비행기공업회사 문제에 관해서는 엄벌을 감수하겠습니다"라고 답변했다. 한편 박흥식은 재판장에게 "저만큼 파란곡절과 갖은 박해를 받은 사람은 아마 없을 겁니다"라며 해방 후 공산주의자들의 사주를 받은 화신 종업원들에게 감금당한 채 재산 헌납을 요구받은 사건과, 남북교역에 투입한 화물선 앵도환櫻島丸이 북한에 압류되는 바람에 큰 손해를 입은 일을 이야기하며 재판장에게 하소연을 이어갔다.

예정된 결말: 결심 공판[*]

최종 6차 공판은 1949년 9월 26일 오후 5시 재판장 김병우의 심리로 검찰관 정광호의 입회하에 열렸다. 5차 공판이 끝나고 근 4개월 만에 열린 것이었다. 그리고 이 기간에 박흥식을 비롯한 반민족행위자들의 운명과 반민특위의 운명이 극적으로 엇갈리게 된다.

5차 공판 직후인 6월 6일, 80여 명의 경찰대가 반민특위 청사에 난입해 요원들을 폭행하고 각종 조사 서류를 강탈해 간 '반민특위 습격사건'이 벌어졌다. 국회가 즉각 반발했지만 이는 대통령 이승만의 지시로 이뤄진 사건이었고 반민특위는 사실상 무력화되었다. 6차 공판이 열리기 사흘 전인 9월 23일에는 〈반민법 3차 개정안〉이 통과되었다. 특별검찰부와 특별재판부를 해체하고 후속 재판을 대법원에 맡겨 단심제로 끝내는 것을 골자로 한 이 개정안의 목적은 뻔했다. 반민족행위에 대한 면죄부였다.

결심 공판이 열린 재판정은 방청석도 취재진도 전에 없이 한산했다. 그만큼 재판 결과가 뻔했기 때문이다. 모두의 예상대로 박흥식에게 담당 검찰관 정광호는 공민권 정지 2년이라는 솜방망이 처벌을 구형했다. 그러나 재판장 김병우는 한술 더 떠서 무죄를 선고한다.

[*] 《경향신문》 1949년 9월 28일자 기사 〈반민피고이던 박흥식씨, 최후공판에서 무죄 언도〉를 참고해 재구성했다.

1950년대 이승만 대통령과 나란히 선 박흥식(위),
1962년 박정희 국가재건최고회의 의장과 독대하는 박흥식(아래).
법적으로 친일파, 반민족행위자라는 꼬리표를 떼는 데 성공한 박흥식은 이승만정권의
비호 아래 1950년대 내내 국내 10대 재벌로 승승장구했다. 그는 1960년 4·19혁명으로
이승만이 물러나고 1년 뒤 박정희가 군사쿠데타를 일으키자 가장 먼저 달려가 독대할 만큼
권력의 향배에 예민함을 과시했다.

판결문의 요지는 다음과 같다.

- 피고인의 군수공장(조선비행기공업회사)은 중도에서 정지하여 일본의 전쟁 수행에 실질적 도움이 되지 않았다. 그리고 피동적이었다.
- 피고인의 비행기공장 건설로 주민들은 피해받은 일이 없다.
- 임전보국단 등의 간부로 있었으나 실질적인 활약을 한 일이 없다.
- 신문 지면에 발표한 담화는 피동적이었다.
- 독립지사 안창호 선생에게 많은 도움을 주었고, 광신상업 등 교육 사업에 많은 원조를 했다.
- 해방 후 전국의 각종 사업에 경제 원조를 했다.

덧붙여 재판장 김병우는 일제 잔재 청산과 무관하게 공산주의자들이 반민법을 정치적으로 이용했으며, 반민족행위자에 대한 조사와 기소 또한 편향적이었다는 말로 판결을 정당화했다.

가장 대표적 친일파이자 반민특위의 1호 구속자가 무죄로 방면되는 상황에서 이후 다른 반민족행위자들의 재판은 해보나 마나였다. 엄혹했던 식민지의 역사를 청산하고 새로운 나라의 정체성을 세워주리라는 희망을 안고 출범한 반민특위는 초라한 결과를 남긴 채 허무하게 소멸하고 말았다.

그 밖의
반민족행위자들

밀정, 혹은 고문 경찰

일제강점기 35년은 박흥식 외에도 수많은 친일반민족행위자를 만들어냈다. 해방 후 반민특위에 체포되어 조사를 받은 자만 682명, 그중 검찰에 넘겨진 경우는 559명이었다. 이 가운데 특히 세간의 주목을 받았으며, 이 책의 앞부분에 소개된 '반민특위요원 암살미수사건'의 관련자이기도 한 이종형과 노덕술에 관해 살펴보고자 한다. 안타깝게도 이 두 사람에 관한 반민특위 명의의 조사보고서나 공판 기록은 남아 있지 않다. 당시 언론 보도와 문헌을 참고하기로 한다.

이종형,
애국자를 참칭한 밀정*

1949년 1월 10일 박흥식에 이어 두 번째로 반민특위에 체포된 반민족행위자 이종형에 대한 1차 공판은 3월 29일 오후 2시 20분부터 서울대법정에서 이의식 특별검찰관이 입회하고 노진설 재판장의 심리로 개시되었다. 재판정에 나타난 피고인 이종형은 거만한 태도로 초만원을 이룬 방청석을 한참 동안 뒤돌아본 뒤 자리에 앉았다.

재판장의 개정 선언과 피고인에게 주소와 성명을 묻는 간단한 인정 신문 이후 이의식 특별검찰관이 기소문을 낭독했다. 그에 따르면 피고인 이종형은 1895년생으로 처음에는 3·1운동에 연루되어 복역까지 한 자였으나 도중에 석방되어 만주로 건너갔다. 이후 독립지사를 자칭하

*《동아일보》 1949년 3월 31일자 기사 〈반민재판〉을 참고해 재구성했다.

며 의열단에 위장 가입한 후 밀정 노릇을 했다. 그는 특히 공산군 토벌을 목적으로 한 밀정 조직 초공군사령부 소속으로 애국지사 250여 명을 체포해 17명을 학살하고 나머지를 투옥하는 데 앞장섰다. 이후 1941년에는 국내로 들어와 조선총독부 경무부에 소속되어 독립운동가 밀고와 체포 활동에 열중했다. 광복 후에는 일간 대동신문을 창간한 후 공산당 비난에 몰두했다.

만주와 국내에서 벌인 수많은 죄상이 나열된 기소문 낭독이 끝나자 이종형은 몸을 떨며 분노에 찬 목소리로 소리쳤다. "도대체 이게 무엇이냐? 이 자리가 공산당 토벌을 신문할 법정은 아닐 것이다. 나는 나의 일생을 공산당을 때려 없애는 데 힘써온 공로자이며 애국자다. 이러한 내게 훈장과 상은 못 줄망정 민족반역자로 신문하다니, 이것이 누구 법정이냐? 여기가 김일성의 법정이냐? 김일성의 법정이 아닌 이상 공산당을 때려 부순 나를 재판치는 못할 것이다."

그러자 재판정은 그를 비웃는 소리로 가득했다. 이에 재판장은 '죄가 없다면 부인하면 될 것이고, 이를 밝히기 위해 질문에 대답할 것'을 요청하니, 몇 차례의 옥신각신 끝에 이종형은 피고인이 아닌 참고자 자격으로 대답하겠다고 하여 심리가 속개되었다.

재(재판장) 학교는 어디를 나왔으며, 졸업 후에는 무엇을 했는가?
이(이종형) 와세다대학을 졸업했고, 독립운동을 했소이다.

재　그 후에는 무엇을 했는가?

이　만주에 건너가 독립운동을 했으며, 공산당을 토벌했소.

재　피고인은 무슨 독립운동을 했는가?

이　장차 일본을 뒤집어 없앨 계획을 가지고 일했소.

재　조선에는 언제 나왔는가?

이　47세에 조선에 나왔소.

재　해방 후에는 무엇을 했는가?

이　그것은 나보다 여기 있는 여러 사람들이 더 잘 알지 않겠소? 내가 대동신문을 경영하며 공산당과 싸운 것은 천하가 다 아는 일이며, 그 후 국회에서 반민법을 제정하기에 이것을 나라를 망칠 망민법이라고 욕했더니, 나를 미워한 국회의원들이 지금 나를 이렇게 잡아넣으려 하고 있지 않소이까?

　피고인과 재판장이 바뀐 듯한, 이종형이 재판장과 검찰관을 신문하듯이 진행된, 보기 드문 기괴한 공판은 1시간 20분만에 막을 내렸다. 이후 반민특위가 와해되면서 석방된 이종형은 1950년 제2대 국회의원에 당선되어 활동하다가 1954년 교통사고로 사망한다. 반민특위는 그를 단죄하는 데 실패했지만 2002년 '민족정기를 세우는 국회의원모임'은 '친일파 708인 명단'을 발표하며 밀정 부문 친일파에 이종형을 포함시켰다.

노덕술,
이승만이 총애한 고문 경찰*

공판 청구서

피고인 노덕술은 1899년 경상남도 울산 출생으로 울산보통학교를 중퇴하고 일본인이 경영하던 잡화상의 고용인으로 근무했다. 1920년 6월경 경찰관에 지원, 같은 해 9월 말 경남 순사교습소를 졸업한 후 경상남도 경찰부 보안과에서 근무를 시작했다. 울산경찰 사법계 근무 순사부장을 지나, 1924년 12월경 경부보로 승진하고 의령, 김해, 거창, 동래, 통영경찰서 사법주임을 거쳤다. 경부로 승진한 후에는 경성 본정, 인천, 개성, 종로경찰서의 사법 주임을 역임했고, 1934년 9월경 평안

*《동아일보》 1949년 3월 31일자 기사 〈반민재판〉을 참고해 재구성했다.

남도 보안과장으로 승진한 뒤로는 고등계 사무에 속하는 정치·사상 사건을 취급하며 일제로부터 훈장을 받았다. 광복 후 현재 서울시 경찰국 총경으로 있는 피고인의 반민족행위는 다음과 같다.

1. 1927~1928년경 김규진을 회장, 유진홍을 부회장으로 150명 규모의 비밀결사를 조직하고 독립운동을 목적으로 반일투쟁사와 조선역사를 기록한《배일지집排日誌集》을 작성 배부하고, 사유재산 제도를 부정하는 운동을 꾀한 혁조회 사건이 있었다. 당시 동래경찰서 사법주임으로 있던 피고인은 이 사건이 고등계 관할임을 알았음에도 불구하고 직접 담당해 유진홍과 김규진을 사망에 이르게 하고, 나머지 관계자들을 2~3년간 복역하게 했다.

2. 동래경찰서 사법주임 재임 당시인 1929~1930년경, 일본인 교사와 조선인 학생 간의 충돌로 4~5차례에 걸쳐 발생한 동래고등보통학교 동맹휴학 사건이 있었다. 당시 피고인은 매번 조선인 학생 규탄을 목적으로 한 검거에 앞장섰으며 고등계 관할인 교외 학생집회 사찰을 맡았다.

3. 1929~1930년경 여름 동래유치원에서 하계방학을 이용한 조선인 일본 유학생의 귀국강연회가 열렸다. 그 강연 내용이 일본정

치 비난이라는 구실로, 피고인은 당시 사법주임으로 재임하고 있었음에도 불구하고 고등계 사무에 속하는 사상 사건을 직접 맡아 조선인 강사 수 명을 검거해 취조했다.

4. 1932년 5월경 반일단체인 'ML' 당원인 김재학이 5월 1일 노동절 시위에 참가했다는 죄로 검거되었다. 당시 통영경찰서 사법주임으로 고등계 사무를 겸하고 있던 피고인은 김재학을 직접 체포해 두 손을 뒤로, 두 발을 앞으로 결박한 뒤 천장에 매달아 구타하거나 입에 물을 붓는 등의 혹독한 고문을 감행한 후 검찰에 송치해 벌금형에 처하게 했다.

5. 1943년 평안남도 보안과장으로 근무하던 피고인은, 자신이 평안남도 자동차수송협력회의 이사로 있음을 기회로 화물자동차 다수를 징발해 군수품 수송에 배치했다.

종합하면 피고인은 경찰로 재직하며 독립운동가를 박해·살해하는 고등계 업무를 담당해왔고, 일본의 전쟁 수행에 협력하는 악질적 행위를 한 자이다.

노덕술 공판

1949년 3월 29일 반민법 위반 사건에 대한 심리가 연이어 열린 가운데, 수도경찰청 고문치사사건과 반민특위요원 암살음모사건 등으로 세간에 일대 파문을 일으킨 노덕술의 공판도 이날 속개되었다. 그에 대한 관심을 증명하듯 인산인해를 이룬 방청객도 그의 등장에 촉각을 곤두세웠다. 오후 12시 5분 서순영 재판장의 심리로 열린 노덕술 공판에서 피고인의 범죄사실을 낭독하는 서성달 특별검찰관의 목소리와 손은 울분으로 유난히 떨렸다.

재(재판장)　학력은?

노(노덕술)　중학교 2학년 정도의 교육을 받았습니다.

재　재산은 얼마나 가지고 있는가?

노　별로 없습니다.

재　검찰관 조서에 의하면 약 60~70만 원이라고 하는데?

노　아마 그리될 것 같습니다.

재　종교는?

노　불교입니다.

재　지금까지 형사처분, 기소유예 처분을 당한 일이 있는가?

노　없습니다.

反民裁判

數많은 獨立運動者를
虐殺、投獄의 惡行
李鍾榮、法廷에서 騷亂

恍惚핫다 "爵位"
養父代身男爵된李豊漢

피고 이종영

學生層에도 仇讐
殺戮、迫害로 一貫
日警察27年盧德述審理

實業에 從事햇소
金季洙 一回公判은 簡單

피고 노덕술

이종형과 노덕술의 공판 보도. "반민재판, 수많은 독립운동자를 학살, 투옥의 악행, 이종형 법정에서 소란" "살육·박해로 일관, 일본경찰 27년 노덕술 심리"(《동아일보》 1949년 3월 31일).

재 경찰관 봉직 기간은 얼마나 되는가?

노 약 21년입니다.

재 일제시대의 계급은?

노 순사에서 시작해 경시를 거쳐 해방 직전에는 평안남도 보안
과장이 되었습니다.

이날의 공판은 짧은 인정 신문만으로 마무리되었다. 밖에선 언
제나 기세등등하던 노덕술은 어쩐 영문인지 양같이 순한 태도로 쇠
고랑을 찬 채 유치장으로 돌아갔다.

이후 대통령 이승만까지 나서서 석방을 종용한 덕에 노덕술은
경찰의 반민특위 습격사건 직후인 1949년 6월 무죄로 풀려난다. 이
후 헌병으로 전직해 승승장구하다가 1955년 뇌물수수 혐의로 파면
된다. 1960년 민의원 선거에서 고향 울산에 출마했지만 낙선했고,
8년 뒤인 1968년 사망했다. 독립운동가들에 대한 고문으로 악명 높
은 그는 '민족정기를 세우는 국회의원모임'이 선정한 친일파 708인
명단(2002), 민족문제연구소가 편찬한 친일인명사전(2008), 대통령
직속 친일반민족행위 진상규명위원회가 발표한 친일반민족행위
705인 명단(2009)에 모두 이름을 올리게 된다.

반민특위,
좌초하다

1949년 2월~10월

앞에서 살펴봤듯 반민특위가 출범하기 전부터 친일반민족행위자에 대한 처벌을 둘러싸고 행정부와 국회는 충돌을 거듭하고 있었다. 정부 당국, 경찰 및 군부, 실업계, 언론계 등 이른바 사회 지배층의 상당수가 친일 혐의자인 상황에서 특히 대통령 이승만은 그들 모두를 대변하며 반민특위의 활동에 제동을 걸었다.

반면 민의를 내세운 국회에서는 반민특위 활동 지원에 발 벗고 나서고 있었다. 행정부와 입법부라는 대한민국의 양대 세력 간 긴장과 갈등은 결국 특경대 해산 시도, 반민특위 습격사건, 국회 프락치 사건, 반민법 개정으로 이어지게 된다.

이승만의 특경대 해산

1949년 2월 15일 대통령 이승만은 현행 반민법의 위헌성을 지적하며 법안 수정을 주장하는 동시에 반민특위 소속 특경대를 폐지시킨다는 내용의 담화를 발표한다.

특경대 폐지 희망, 대통령 반민법 수정 요청

국회에서 법률만 만들어 당국에 넘겨서 행정부와 사법부에서 각각 그 책임을 진행하지 않으면 삼권분립의 헌장과 모순이 되므로, 어떠한 법률이든 그것이 헌법과 모순된다면 법안으로 성립되지 못한다. 조사위원은 조사하는 일만 진행할 것이요, 입법부에도 책임에 넘치는 일은 행하지 않는 것이 옳다고 권고했고, 또 범법자를 비밀리에 조사해서 그 결과를 사법부에 넘겨서 속히 재판케 할 것이니, 지금 진행하는 방법을 다 정지하고 우리의 의도와 합쳐 처리하면 정부도 협조해서 이 법안을 속히 귀결되도록 힘쓰겠다고 설명한 것이다.

근자에 진행되는 것을 보면 이런 의도는 하나도 참고치 않고 특별조사위원 2~3명이 경찰을 데리고 다니며 사람을 잡아다가 구금·고문한다는 보도가 들린다. 이는 국회에서 조사위원회를 조직한 본의도 아니요, 정부에서 이를 포용할 수도 없는 것이므로, 대통령령으로 검찰청과 내무부장관에 지휘해서 특경대를 폐지하고 특별조사위원들이 체포·

반민특위 특경대원들. 이들은 반민특위 조사위원과 조사관, 특별검찰부 검찰관들의
신변보호와 반민법 위반자의 구속 업무를 담당했다.

구금하는 것을 막아서 혼란 상태를 정돈케 하려는 것이다. 이 반민법안을 국회에서 정하고 대통령이 서명한 것이니까 막지 못한다 하는 언론에 대해서는 가장 중요한 문제가 치안에 대한 관련성임을 강조한다. 이것이 상당한 법안이라 할지라도 전국 치안에 관계될 때는 임시로 정지하는 것이 마땅한 일이다.

이미 법무부와 법제처에 지시하여 법안의 일부를 고쳐 국회에 제출케 하는 중이니, 우선 조사원들의 과도한 행동을 금지하기로 작정한 것이다. _《동아일보》, 1949년 2월 16일

1949년 2월 15일은 반민특위 1호 구속자인 박흥식에 대한 조사가 시작된 지 한 달이 안 된 때였다. 박흥식의 공판 신청이 이루어진 것이 2월 28일이었으니 첫 삽을 뜨기 전부터 반민특위는 정부의 저항을 받기 시작한 셈이다.

반민특위 또한 이러한 대통령과 정부의 압박에 대항했다. 다음은 같은 날짜 다른 신문에 실린 기사이다.

반민자 처단에 불안한 기운!

허다한 애로와 방해공작을 무릅쓰면서도 활기 있게 행동을 개시하고 있는 반민특위의 사업에 대해 3000만 민족은 쌍수를 들어 민족정기 양양에 박차를 가하고 있다. 그런데 2월 15일 대통령은 반민법 개정에

관한 담화를 발표했는데, 그에 따르면 특별조사위원 2~3인이 특경을 데리고 다니며 사람을 잡아다가 구금·고문하는 처사가 있다고 한다. 그러면서 이는 조사위원회 본의에 배치되는 것으로, 검찰청과 내무장관에게 지시해 특경대를 폐지하고 특별조사위원회의 조사를 정지시키기로 되었는데, 이에 대해 반민특위 위원장 김성덕 씨 및 조사관과 검찰관은 각각 다음과 같이 말했다.

– 반민특위장 김상덕: 나는 처음 듣는 말이다. 대통령은 반민법을 아직 보통법으로 아는 것 같다. 사법부로 넘기느니 하는 말로 보아 반민족행위처벌법이 특별법인 줄 모르는 것 같다. 더구나 고문이니 구타니 하는 것은 할 수 없는 말이다. 신문기자 여러분도 잘 알겠지만 천만뜻밖의 말이다. 절대로 그런 일은 없을 것이다. 여하튼 긴급히 위원회를 열고 신중히 토의하여 정식으로 대응하겠다.

– 반민특위 특별검찰관 노일환: 무슨 말인지 모르겠다. 피의자들을 고문한다는 것은 있을 수 없는 일이다. 설사 그런 일이 있다고 가정한대도 반민특위의 활동을 정지하거나 특경대를 해산할 까닭이 어디 있는지 알 수 없다. 만일 고문한 조사관이 있다면 그 사람만 정직 처분할 일이다. 하여튼 자세한 것을 잘 조사해서 다시 말하겠다.

– 반민특위 특별조사관 서상렬: 절대로 고문한 일 없다. 그런 질문에
대해서는 더 말하고 싶지 않다. _《조선일보》, 1949년 2월 16일

반민특위 습격사건

한편 반민특위의 활동에 끈질기게 저항하는 정체불명의 세력이 존
재했는데, 이와 관련해 1949년 6월 5일자 《동아일보》는 다음과 같
은 기사를 실었다.

> 3일 정오 반민특위 문전에 농성한 수백 시위 군중의 선동 주모자 8명
> 을 3일 오후 6시경 특위에서 반민법 제7조 해당자로 긴급구속했다. 즉
> 3일 정오가 지나 남대문2가 특위 문앞에 수백 군중이 몰려들어 "반민
> 특위 내의 공산당 분자를 숙청하라"라고 아우성을 쳐 한때는 교통까
> 지 차단하고 사태 수습에 진력하는 등 혼란이 일어났는데, 그중 선동
> 자인 차용준·김영래·전학일·신순봉·허일·박태익·이영두·김주현 등 8명
> 을 체포, 엄중 취조한 결과 반민법 위반으로 하오 6시경 마포형무소에
> 수감했다 한다.

그런데 이로부터 불과 3일 후 반민특위에 대한 대대적이고 조직
적인 공격이 감행된다. 이른바 '반민특위 습격사건'이었다.

경찰 돌연 '특위'를 포위

무기 압수, 20명을 압송

특위, 대원 석방 국회에 요구

서울시 경찰국에서는 최운하* 사찰과장
이 반민특위에 피검된 지 하루가 지난 5
일 오후에 440여 명의 경찰관이 사표를
제출하고, 오후 2시부터는 사찰과원 전

● ─────────
일제강점기 고등계 형사 출
신으로 경찰 내부의 대표
적 친일파였다. 광복 후 미
군정 치하에서 경무관으로
승진했고, 1947년에는 서
울경찰청 사찰과장에 임명
되었다. 이후 서울시 경무
국장으로 재임 중 한국전쟁
시기에 납북되었다.

체가 파업에 돌입할 것이라는 소식이 들려왔다. 이에 4~5일 양일간 간
부회의에서 도출되었다는 모종의 협의에 이목이 쏠리던 중 지난 6일
오전 8시 30분경 돌연 중부경찰서 윤기병 서장 휘하의 경찰 80여 명
은 남대문로에 있는 특위 청사를 포위하고 때마침 출근하는 조사관 과
직원들이 휴대한 권총을 압수하는 한편 특경대원 20여 명을 압송해
갔다.

그런데 이보다 앞선 6일 아침 7시부터 8시 사이에도 특별조사위원 박
우경, 특별검찰관 서성달, 서용길 씨 댁에 무장경관이 와서 무기의 유
무를 묻고 호위경관들을 대동해 갔으며 각 조사관들 집에도 경관들의
예비조사가 있었다고 한다. 6일 특위가 포위당했을 때는 때마침 그곳
에 와 있던 검찰총장 겸 반민특위 검찰부장 권승렬 씨 역시 경관에게
포위당하여 소지하고 있던 권총을 압수당했다 한다. 한편 특위 당국

에서는 이 사태가 벌어지자 오전 9시부터 긴급 3부 연석회의를 개최하고,

1. 법률로 특경대원 50명을 배치하도록 국회에 긴급 제의할 것
2. 불법으로 체포한 특경대원의 석방을 요구할 것
3. 반민법 제5조에 해당하는 공무원들의 무기 소지를 금지하고, 그들을 구속할 것 등을 결의했다고 한다.

그런데 이 사태에 대해 치안당국에서는 특경대 검거는 불법단체인 까닭이고, 무기 압수에 대해서는 수일 전 필요 없는 무기를 회수하라는 명령에 따른 것이며, 검찰총장의 권총 압수는 순경의 잘못으로 즉시 사과했다고 말하고 있다. 이에 김상덕 위원장을 비롯하여 관계 당국자들은 각각 다음과 같이 말하고 있다.

김 특위위원장: 다만 법적으로 해결할 따름이다.

이 치안국장: 상부의 명령으로 무기를 회수하고 특경대를 해산시킨 것인데, 명령 범위를 벗어난 처사가 있다면 책임지고 사과하겠다.

반민특위 총무과장: 나는 요새 테러가 많아 경관들이 특위를 보호하러 온 줄만 알았더니, 경관들이 난입해 서류와 직원 주소록 및 자동차 4대, 경비전화 등을 압수해가고 말았다. 영문을 알 수 없다. _《조선일보》,

전국 경찰국장들과 이승만(1950년대 초). 눈엣가시였던 반민특위를 타격하기 위해 이승만이
주목한 것은 경찰력이었다. 노덕술·최난수뿐만 아니라 대다수가 친일문제에서 자유롭지
못했던 당시 경찰 간부들은 대통령의 부름에 기꺼이 화답했다.

그리고 이튿날인 1949년 6월 8일자 《경향신문》에는 반민특위를 공격한 '상부'의 정체가 무엇인지를 알리는 기사가 실렸다. 그 상부는 바로 이승만 대통령이었다.

"특경 해산, 내가 명령"
반민 체포는 한꺼번에 하라
이 대통령, AP통신 기자에게 언명

지난 6일, 40여 명의 경관이 반민특위를 포위 수색하여 특경대원을 일시 체포한 바 있었는데, 이에 관해 이 대통령은 AP통신 기자에게 다음과 같이 말했다.

내가 특별경찰대(특경대)를 해산시키라고 경찰에게 명령한 것이다. 특위 습격이 벌어진 후 국회의원 대표단이 나를 찾아와서 특경 해산을 연기하라고 요구했으나, 나는 그들에게 헌법은 다만 행정부에게만 경찰권을 허용하고 있기에 특경 해산을 명령한 것이라고 말했다. 특경대는 앞서 국립경찰의 노련한 형사인 최운하 씨와 조응선 씨를 체포했는데, 이 두 사람은 6일 석방되었다. 현재 특위에 의한 체포 위협은 국립경찰에 중대한 영향을 미치고 있다.

"特警解散내가命令"

反民逮捕는 한꺼번에하라

李大統領 A·P記者에言

金明東議員 金局長談을反駁

金大法院長見解

警...

"특경 해산, 내가 명령" 반민특위 습격사건은 특별법에 의거해 만들어진 국가기관에 대한 테러였고, 그 배후는 다름 아닌 대통령이었다.

나는 반민특위가 기소될 자의 비밀명부를 작성할 것을 국회에 요청했다. 그 명부에 100명의 이름이 오르든 1000명의 이름이 오르든 상관하지 않는다. 다만 그들이 이와 같은 명부를 우리에게 제출해주면 우리는 기소자를 전부 체포해 한꺼번에 사태를 해결할 것이다. 우리는 그렇게 문제를 오래 끌 수는 없다.

이승만의 폭주에 국회는 내각 총사퇴 요구안을 통과시키는 것으로 대응했다. 그러나 양측의 협상 끝에 이 사건은 반민특위가 구속한 친일 경찰과 경찰이 체포해간 특경대원들을 교환·석방하는 수준에서 마무리되고 만다. 결과적으로 반민특위는 뺨을 얻어맞고서도 최운하 등 친일 경찰을 풀어준 셈이 된 것이다.

국회 프락치 사건

이른바 '국회 프락치 사건' 또한 반민특위의 무력화에 크게 기여했다. 1949년 5월 18일 남로당(북한) 공작원에 포섭되었다는 혐의로 이문원·최태규 등 4인의 국회의원을 구속하면서 시작된 국회 프락치 사건은 그해 8월까지 구속 의원의 숫자를 13으로 늘려가며 정국을 뒤흔들게 된다.

이 사건에 대해서는 여러 평가가 존재한다. 정적을 숙청하려는 이승만의 계략이라는 주장과, 공작원과 활동의 실체가 존재했다는 반론이 부딪힌다. 따라서 '참관기'를 지향하는 이 책에서는 따로 판단을 내리지 않고 정부기관인 한국학중앙연구원에서 펴낸 〈한국민족문화대백과사전〉의 설명으로 이 사건에 대한 입장을 대신하고자 한다.

다만 분명한 것은 이 사건이 반민특위의 운명을 갈랐다는 사실이다. 누구보다 반민특위 활동에 앞장섰던 국회의원이자 특별검찰관으로 활동한 노일환이 이 사건에 휘말려 구속되면서 반민특위는 사실상 와해되고 만다.

1949년 5월에 현역 국회의원인 이문원·최태규·이구수 등 3명이 검거된 것을 시작으로 6월에는 황윤호·김옥주·강욱중·김병회·박윤원·노일환·김약수 등 7명이, 8월에는 서용길·신성균·배중혁 등 3명이 국가보안법 위반혐의로 검거되었다. 6월까지 검거된 이들은 경찰서가 아니라 헌병사령부에 수감되어 변호인 접견이 금지된 상태로 취조를 받았으며, 7월 11일에 의견서와 함께 헌병사령부에서 서울지방검찰청으로 송치되었다.

7월 2일 국방부는 국제연합 한국위원단에 외국군 철퇴와 군사고문단 설치에 반대하는 진언서를 제출한 이들의 행동이 남조선노동당 국회 프락치부의 지시에 의한 것이며, 이들 가운데 이문원과 노일환이 남로당에 가입해 국회 프락치로 활동했다고 발표했다. 이후 7월 30일에 10명의 국회의원들이 기소되었으며, 9월에는 8월에 검거된 3명이 추가로 기소되었다.

재판은 사광욱 주심판사, 박용원, 정인상 배심판사의 참석 하에 오제도, 장재갑 검사가 입회했다. 1949년 11월 서울지방법원에서 개정된 공판정에서 피고인들은 모두 남로당과의 관계를 부인했으며 취조 과정에서 자백한 내용이 고문으로 인한 허위진술임을 주장했다. 하지만 재판부는 이들의 주장을 전혀 받아들이지 않았고, 검찰에서 '증거 제1호'로 제출한 남로당 국회 프락치부의 '국회 내 투쟁보고서(3월분 국회공작보고)'라는 암호문서에 대해서도 아무런 검증 없이 증거능력을 인정했다. 1950년 2월의 구형 공판에 이어 3월 14일에 언도 공판이 열렸는데, 재판부는 검찰 측 주장을 전면적으로 받아들여 이들의 행위에 대해 "결국 우리 동족 간에 비참한 살육전을 전개시키고 약육강식의 무자비한 투쟁을 초래하여 우리 대한민국을 중대한 위기에 봉착게 하고 국가의 변란을 야기하여 마침내는 공산독재정권을 수립하려고 함에 그 의도가 있었다고 볼 것"이라며 "도저히 용허할 수 없는 국가와 민족에 대한 반역이요 단호히 배격해야 할 이적행위"로 규정해 노일환·이문원에게 징역 10년, 김약수·박윤원에게 징역 8년, 김옥주·강욱중·김병회·황윤호에게 징역 6년, 이구수·서용길·신성균·배중혁에게 징역 3년, 최태규에게 징역 3년과 벌금 10만 원을 각각 선고했다. 이에 피고인들은 모

국회 푸락치 계보

이삼혁   오 관

국회부의장 김약수

이문원   노일환   김병회   강욱중

김옥주   황윤호   김약수   박윤원

서용길   배중혁   이구수   조태규

방청객들로 인산인해를 이룬 반민특위 재판정과 국회 프락치 사건에 연루된 국회의원 조직도. 사진이 대비해 보여주듯 이 사건은 그 진위와 무관하게 반민특위와 반민족행위자들의 운명을 가른 사건이었다. 특히 특별검찰부 차장으로 맹활약한 노일환의 연루는 치명타였다.

두 항소했으나 항소심이 시작되기 전에 한국전쟁이 발발해 인민군의 서울 점령에 따라 형무소에서 풀려난 피고인들 대부분이 월북 또는 납북됨으로써 사건의 진상은 밝혀지지 않았다.

국회에서 '소장파' 의원들이 제거됨으로써 국회의 대정부 견제기능은 현저히 약화되었고, 이 때문에 1950년 9월까지였던 반민족행위처벌법의 공소시효를 1949년 8월 말까지로 대폭 단축시키는 개정안이 1949년 7월 국회에서 통과되었다.

반민법 개정과 반민특위 해산

반민특위에 대한 탄압의 절정은 반민법의 공소시효를 앞당기는 반민법 개정이었다.

앞서 살핀 이승만의 담화에서도 등장하듯, 반민법의 개정 움직임은 1949년 초에도 있었다. 당시는 국회에서 정부가 제출한 반민법 개정안을 부결시키며 이승만의 의도를 저지했다.

그러나 이른바 국회 프락치 사건 이후 소장파 의원들이 모두 제거되면서 국회의 행정부 견제 기능이 현저히 약화되었다. 이 시기를 틈타 반민법을 무력화시키는 2차 개정안이 국회에 상정되었고, 별다른 반발 없이 통과됨으로써 반민특위는 폐지 수순을 밟게 된다. 개정안의 골자는 원래 1950년 6월까지였던 공소시효를 1년 가

까이 앞당기는 것이었다. 공소시효가 1949년 8월 31일에 완성된다는 부칙을 고작 40일 남은 1949년 7월 20일에 통과시킨다는 것이 무엇을 의미하는지 모를 사람은 없었다. 이 개정안이 통과됨으로써 반민법에 근거해 설립된 반민특위의 위상과 활동은 극도로 위축될 수밖에 없었다.

그리고 1949년 10월 4일자로 반민법 3차 개정안(국회 통과는 9월 23일)이 공포되는데, 이 개정안은 아래 신문 기사에서 보듯 반민법 자체를 무력화하는 것이었다.

특위·특검·특재 등을 해체, 대검찰청·대법원에 이관

이인 의원 등 반민법 개정안 제출

국회의원 이인 외 48인의 의원은 현재 존속하고 있는 반민특위 및 동 재판부와 검찰부를 전부 해체하고 종래 특별검찰부에서 해오던 수사와 기소권을 대검찰청장 검찰관이 맡게 하고, 종래 특별재판부에서 해오던 재판 역시 대법원에서 하도록 하는 반민법 개정안을 20일 국회에 제출했다. 해당 개정법률안은 일단 법제사법분과위원회의 심사를 거쳐 조만간 국회 본회의에 상정될 예정으로 그 결과가 주목되고 있다. 국회에 제출된 개정안 전문은 다음과 같다.

반민법 제9조부러 동 27조까지 전문을 삭제한다.(즉 특별조사위원회와 특별재판부 및 특별검찰부를 모두 해체하는 셈)

1. 반민법 제28조를 다음과 같이 개정한다.

제9조 본 법에 의한 재판은 단심제로 대법원에 이청한다. 범죄수색 및 소송절차와 형의 집행은 일반 형사소송법에 의한다. 수사 또는 심리 중의 사건도 대검찰청 또는 대법원에 인계한다.

2. 반민족행위 특별조사기관 조직법 및 전 재판부 부속기관조직법은 이를 폐지한다. _《동아일보》, 1949년 9월 22일

이 개정안(사실상의 폐지안)을 끝으로 반민특위는 고작 1년 만에 역사 속으로 사라지게 된다. 그리고 반민특위의 소환과 처벌을 기다리던 수많은 친일반민족행위자들 역시 대부분 법의 심판을 벗어나게 되었다.

말로 다 담을 수 없는 허무함을 꾹꾹 누르며 이런 질문을 던진다. 반민특위가 좌초한 이유는 무엇일까? 재판정 참관기를 통해 직접 보듯 이승만 정부와 친일세력의 유착 때문이었을까? 아니 어쩌면 그 유착과 무관하게 해방 이후 3년이 흘러 탄생한 반민특위가 바로 잡기에는 친일파가 너무나 공고한 기득권 세력이 되어 있었던 것은 아닐까? 그렇다면 일찍이 민족반역자 등에 대한 과도입법의원의 특별조례를 막아선 미군정에게 책임을 돌려야 할까?

역사에 만약은 없다. 해방공간의 역사는 당시 민중과 오늘의 우리가 바라는 대로 흘러가지 않았다. 어떻게 해석하든 반민특위의 역사가 당시 정치에 패배했다는 사실은 변하지 않는다. 그럼에도 우리는 질문을 던져야 한다. 무엇 때문이었는지, 왜 그랬는지를 묻고 또 물어야 한다. 그것이 역사를 냉소하지 않고 똑바로 응시하는 길이다. 식민지배와 제국주의를 부정하며 탄생한 민주공화국의 역사가 끝끝내 바로 서는 길 또한 이런 질문에서 시작될 것이다.

반민특위
연표

1945년	8월 15일	광복
	9월	〈맥아더 포고령 1호〉와 함께 미군정 시작
1946년	12월	남조선과도입법의원 개원
1947년	7월	입법의원, 〈민족반역자·부일협력자·간상배에 대한 특별조례〉 제정
	11월	미군정, 위 특별조례에 대한 공포 거부
1948년	5월 10일	남한 단독 총선거
	5월 31일	초대 국회 개원
	7월 17일	제헌 헌법 공포(제10장 부칙 101조: "국회는 1945년 8월 15일 이전의 악질적인 반민족행위를 처벌하는 특별법을 제정할 수 있다.")
	8월 5일	김웅진 외 10인, 〈반민족행위처벌법〉 제정 제안
	8월 16일	국회 특별법기초위원회, 〈반민족행위처벌법〉 초안 제출
	9월 7일	국회, 〈반민족행위처벌법〉 본회의 통과
	9월 22일	대통령 이승만, 〈반민족행위처벌법〉(이하 반민법) 공포(법률 제3호)
	9월 23일	대통령 이승만, 반민법 실시를 미루자는 담화 발표 반공국민대회, '반민법 수정'을 요구하는 건의안 채택
	10월 23일	반민족행위 특별조사위원회(반민특위) 출범, 예비조사 시작
	11월 25일	국회, 반민특위 지원 3개 법안 통과
1949년	1월	반민족행위 특별검찰부 구성
	1월 8일	반민족행위 특별조사위, 박흥식 구속
	1월 9일	대통령 이승만, 반민특위의 활동을 견제하는 담화 발표

1월 11일	특별조사위, 박흥식 피의자 신문 시작
1월 24일	특별조사위, 노덕술 체포
1월 25일	백민태, 반민특위요원 암살음모사건 자백
2월 7일	특별조사위, 박흥식을 반민법 위반 혐의로 특별검찰부 송치
2월 8일	특별검찰부, 박흥식 피의자 신문 시작
2월 15일	대통령 이승만, 반민법 수정 및 특경대 해산을 요구하는 담화 발표
2월 24일	정부, 〈반민법 개정안〉(대통령이 반민법에 관여할 수 있는 권한 확보) 상정, 국회에서 부결
2월 28일	특별검찰부, 박흥식을 반민법 위반 혐의로 기소
3월 28일	특별재판부, 박흥식의 반민법 위반 사건 1차 공판
4월 11일	특별재판부, 박흥식 사건 2차 공판
5월 11일	특별재판부, 박흥식 사건 4차 공판
5월 20일	서울시 경찰국, 남로당 프락치(공작원) 혐의로 이문원 등 3명의 국회의원 체포(국회 프락치 사건). 이후 8월까지 13명의 국회의원 검거.
6월 3일	특별재판부, 박흥식 사건 5차 공판
6월 6일	서울시 경찰국, 반민특위 청사 습격, 특경대원 20여 명 체포
7월 20일	국회, 〈반민법 2차 개정안〉(반민법 공소시효의 축소) 통과
9월 26일	특별재판부, 박흥식 사건 결심 공판, 무죄 선고
10월 4일	정부, 〈반민법 3차 개정안〉 공포. 반민특위 해산

참고문헌

이강수,《반민특위 연구》, 나남출판, 2003.

정운현,《풀어서 본 반민특위 재판기록 2》, 선인, 2009.

허종,《반민특위의 조직과 활동: 친일파 청산 그 좌절의 역사》, 선인, 2003.